Além do like

Encarando a pressão estética das redes sociais

Dados Internacionais de Catalogação na Publicação (CIP)
(Claudia Santos Costa - CRB 8ª/9050)

Barg, Danielle
Além do like : encarando a pressão estética das redes sociais / Danielle Barg. – São Paulo : Editora Senac São Paulo, 2025.

Bibliografia.
ISBN 978-85-396-5585-4 (impresso/2025)
e-ISBN 978-85-396-5586-1 (ePub/2025)
e-ISBN 978-85-396-5587-8 (PDF/2025)

1. Redes sociais. 2. Padrões estéticos. 3. Imagem corporal. 4. Saúde mental. I. Título.

25-2411c

CDD – 391.6
302.231
BISAC SOC052000
SEL0141000

Índice para catálogo sistemático:
1. Redes sociais : Pressão estética : Saúde mental 302.231
2. Aparência pessoal : Padrões estéticos 391.6

DANIELLE BARG

Além do like

Encarando a pressão estética das redes sociais

Editora Senac São Paulo – São Paulo – 2025

Gerente/Publisher: Luís Américo Tousi Botelho
Coordenação Editorial: Verônica Marques Pirani
Prospecção: Andreza Fernandes dos Passos de Paula,
Dolores Crisci Manzano, Paloma Marques Santos
Administrativo: Marina P. Alves
Comercial: Aldair Novais Pereira
Comunicação e Eventos: Tania Mayumi Doyama Natal

Edição e Preparação de Texto: Vanessa Rodrigues
Coordenação de Revisão de Texto: Marcelo Nardeli
Revisão de Texto: Cristine Sakô
Coordenação de Arte: Antonio Carlos De Angelis
Projeto Gráfico, Capa e Editoração Eletrônica: Antonio Carlos De Angelis
Ilustrações: Marco Aragão
Impressão e acabamento: Gráfica AR Fernandez

Editora Senac São Paulo
Av. Engenheiro Eusébio Stevaux, 823 – Prédio Editora
Jurubatuba – CEP 04696-000 – São Paulo – SP
Tel. (11) 2187-4450
editora@sp.senac.br
https://www.editorasenacsp.com.br

Sumário

Nota do editor

Em um dos estudos citados neste livro, 80% das entrevistadas (de 13 anos de idade) afirmaram que já haviam manipulado a própria imagem *on-line* para parecer o que, na visão delas, significava estar "mais bonita".

Para entender esse cenário em que meninas e mulheres recorrem a camadas e camadas de embelezamento virtual, Danielle Barg pesquisou também as múltiplas camadas que formam padrões estéticos presentes na sociedade desde quando o mundo ainda era apenas *off-line*.

E, ao se dirigir à leitora com uma linguagem acolhedora e franca, a autora a incentiva a ir retirando essas camadas de pressão. Um processo que envolve conhecimento, autoconhecimento e educação midiática.

Com *Além do like: encarando a pressão estética das redes sociais*, o Senac São Paulo contribui para aprimorar o senso crítico de seu público e reforça valores como ética, diversidade e transformação social.

Apresentação

Beleza e poder

Eu nunca tinha ouvido falar da tal lipo HD até 2020, ano em que o mundo parou por conta de um vírus causador de uma doença até então desconhecida e altamente contagiosa. Foi irônico constatar que, justamente naquele momento em que os hospitais estavam operando em capacidade máxima, com profissionais da saúde esgotados e recordes de mortes pela covid-19, um procedimento puramente estético se tornava um sonho de consumo para muitas mulheres. Segundo a Sociedade Internacional de Cirurgia Plástica Estética (Isaps), a realização de algumas modalidades, como rinoplastia e elevação de sobrancelhas, continuou aumentar mesmo durante a pandemia.

Foi irônico, sim, porém compreensível: trancados em casa pelo coronavírus, recorremos ao celular como uma espécie de fuga. Naquele período, o consumo das redes sociais aumentou, e as que têm foco na imagem – como Instagram e TikTok – realmente bombaram. São elas que impulsionam o mercado bilionário da influência digital, que deve movimentar US$ 500 bilhões até 2027, conforme dados da Goldman Sachs.

Segundo o DataReportal (plataforma que fornece relatórios e análises sobre o comportamento digital global), em janeiro de 2024 o Brasil registrava 144 milhões de usuários ativos nas redes sociais – o que equivale a quase 70% da nossa população. Ainda de acordo com o DataReportal e o *Digital 2024 Global Overview Report*, o Brasil é o terceiro país no mundo em número de usuários ativos no TikTok, bem como no Instagram, com mais de 132 milhões de usuários ativos.

Na área de beleza, a fórmula funciona mais ou menos assim: quanto mais usamos as redes, mais ficamos propensas a acreditar que há algo de errado com nosso corpo, nosso rosto, nossa pele, nosso cabelo. Por meio das *influencers*, temos uma boa amostra do que há de mais quente no mercado (na maioria das vezes, com muita produção e filtro). As marcas, por sua vez, apostam nos perfis com mais seguidores, para que consigam vender seus produtos em maior quantidade. E, assim, somos bombardeadas com coisas que *precisamos comprar* para atingir o ideal estético. Então, quando você pensa que resolveu um problema (que talvez nem existia!), logo criam outro, para que, dessa forma, você nunca fique satisfeita.

É um ciclo sem fim. A lipo HD é apenas um exemplo, mas te convido a pensar nos diversos procedimentos que surgiram nos últimos anos. Coisas que passaram a ser naturalizadas e oferecidas nas redes e nas ruas como se fossem calcinhas: botox, harmonização facial, ninfoplastia (cirurgia íntima), lente dentária, bichectomia, preenchimento labial, etc. Isso sem falar nas cirurgias plásticas. Aquela pandemia, de fato, escancarou uma realidade diante dos nossos olhos: a de que não importa o tamanho do caos lá fora, aparecer bonita na foto ainda é uma das nossas prioridades.

O mito da beleza na era da *selfie*

A preocupação com a aparência existe desde que o mundo é mundo, então esse cenário não deve ser colocado "na conta" das redes sociais, das marcas ou das *influencers*. Chegamos a esse ponto a partir de uma combinação de inúmeros fatores que somente se potencializaram com o avanço da internet.

Em 1991, a autora norte-americana Naomi Wolf cantou essa bola no livro *O mito da beleza*. Na época, as redes sociais ainda não existiam, mas muitos dos questionamentos que ela fez seguem válidos. O livro se tornou um clássico porque chamou a atenção para o fato de a autoestima feminina estar muito centrada na aparência física.

Com o avanço das redes, o "mito da beleza" ganhou força, porque graças a elas dedicamos mais tempo à arte da comparação eterna com as beldades que seguem religiosamente o padrão vigente.

Feche os olhos e pense no seu *feed*. Tenho certeza de que sabe de cor todas as tendências de beleza atuais (ou que foram tendências poucos anos atrás): boca carnuda, dentes branquérrimos, cílios gigantescos, abdômen "trincado". A barriga tem que ser negativa; os braços, magros. Aliás, tudo tem que ser magro, menos a bunda. Já os peitos são um caso à parte. Eles estão para os padrões de beleza como os ovos estão para a nutrição – ora estão na moda; ora, não. Mas a questão não está em pôr ou tirar peito, afinar o nariz ou investir em um *mega hair* caríssimo. A questão é a motivação. Por que mesmo estamos desesperadamente tentando atender a esse padrão? Para agradar a quem?

A imagem que vemos diante do espelho dificilmente bate com as das redes sociais. Lá as mulheres não envelhecem, não têm manchas na pele, marcas, cicatrizes. E, por mais informada e desconstruída que você seja, é bem difícil não se comparar. É preciso, urgentemente, desmistificar os estereótipos femininos para aprendermos a cravar nossa autoestima em uma base mais sólida do que a beleza física, que é algo absolutamente oscilante e efêmero.

Dá para definir beleza?

A beleza é um conceito abstrato; nem mesmo a ciência oferece uma resposta única para explicar por que raios achamos algo feio ou bonito. Existe um experimento que mostrou que os bebês analisados passaram mais tempo olhando para rostos considerados por adultos como atraentes do que para os não atraentes (Slater *et al.*, 1998). O objetivo desse tipo de pesquisa é tentar decifrar se existe algum padrão neural na nossa interpretação de beleza que nada tenha a ver com contexto social e cultural. Como os bebês ainda não têm esse tipo de bagagem, seriam sujeitos "neutros" para fazer essa avaliação e demonstrar suas preferências. Há também evidências científicas que indicam que o nosso cérebro considera mais atraentes os rostos simétricos (Rhodes *et al.*, 1998), porque são imagens mais fáceis de serem interpretadas e que soam mais familiares, trazendo sensação de prazer.

Além disso, a beleza também estaria associada ao instinto de sobrevivência. Há estudos demonstrando que, ao longo da evolução humana, é considerado belo o indivíduo que exibe, a partir de suas características físicas, mais chances de sobreviver. A escultura pré-histórica da Vênus de Willendorf (Johnson; Lanaspa; Fox, 2021) seria uma evidência: baixinha, gordinha e com seios grandes, é reconhecida por alguns arqueólogos como um símbolo estético da época, associado a saúde e fertilidade. Até acredito que esse tipo de interpretação possa ocorrer de forma inconsciente ou possa estar nos nossos genes. Mas, na Idade Moderna, o que ficou demonstrado é que a beleza tem muito a ver com poder.

Corta para os tempos atuais. Pense em quem tem poder hoje e, por consequência, mais chances de sobreviver. Quem tem dinheiro, certo? E é justamente dessa forma que são moldados os padrões de beleza: a partir da perspectiva (e dos interesses) do grupo dominante.

Durante os períodos em que a humanidade enfrentou escassez de alimentos e de recursos, destacava-se quem conseguia manter a casa abastecida. Nesse âmbito, as mulheres gordas já foram símbolo de prestígio e fartura, afinal a gordura do corpo era compreendida como um sinal de riqueza e de abundância.

Atualmente, vivemos o oposto. Rico é quem tem tempo (o recurso mais caro do mundo) e dinheiro para gastar horas na academia e em clínicas estéticas; que pode contar com um verdadeiro *staff* de nutricionista, *personal trainer*, funcionária do lar, esteticista; que pode se alimentar e malhar com qualidade e sem correria; que pode, de repente, fazer uma viagenzinha curta para as Maldivas para retocar o bronzeado. Em outras palavras, manter-se no padrão vigente é algo exclusivo para uma faixa específica e bem pequena da população. Mas a mídia e as redes sociais nos fazem acreditar que a maioria das pessoas pode se encaixar nesse perfil, colaborando para um grande sentimento de culpa e frustração.

Minhas lembranças

Eu nasci em 1981, então, na minha infância, as referências de beleza eram a Xuxa (branca, loira e magra) e as Paquitas ("minixuxas", praticamente à sua imagem e semelhança). Um padrão eurocêntrico (ou seja, de influência europeia) reforçado todas as manhãs nos lares de milhões de brasileiras. Já na adolescência, era invejável o abdômen da Carolina Dieckmmann que brilhava em *Malhação*. O seriado vespertino levou muitas garotas a se matricularem em uma academia, afinal o elenco era composto por meninas absolutamente desprovidas de gordura corporal. O culto ao corpo e aos músculos definidos começava a ficar cada vez mais evidente nas TVs brasileiras. Lembro como se fosse hoje o dia do concurso que definiu a "nova morena" do grupo É o Tchan. Sheila Carvalho, a vencedora, virou a minha nova inspiração de "corpo perfeito".

Aqui acho importante compartilhar com você uma informação importante a meu respeito: eu sou e sempre fui uma mulher padrão. Mas, ainda assim, posso garantir que eu não conseguia achar meu corpo nem um pouco parecido com o da Sheila ou bonito como o dela. Por sorte, eu só via a Sheila quando ligava a TV ou quando, acidentalmente, esbarrava na revista *Playboy* que o meu namorado da época tinha deixado dando sopa sobre a cama. Vale destacar também que, nessa época, havia a "desculpa" do Photoshop. Sabíamos que era por meio desse *software* que as imagens das mulheres eram modificadas para que ficassem com aquele aspecto plastificado. Mas agora, além de podermos acessar esse ideal de perfeição o tempo todo pelo celular, temos a ilusão de que esse padrão é algo alcançável. Mesmo sabendo da existência dos filtros, temos a impressão de que "basta" passar fome, fazer exercícios exaustivamente, comprar os produtos certos e seguir ritos de beleza diários. E, se você tiver dinheiro (e coragem) de sobra, o leque de procedimentos é imenso e pode trazer a aparência idêntica à de quem você admira.

Tentando nos encaixar, tentando caber

Para falar de insatisfação corporal e pressão estética é preciso ter clareza de como esses ideais foram construídos. Até muito pouco tempo atrás, as mulheres eram tratadas como posses e não tinham poder de decisão sobre seu próprio corpo e sua vida (profissional, amorosa ou sexual). Infelizmente, isso ainda acontece, mas em menor proporção, graças às conquistas dos movimentos feministas, que nos trouxeram direitos e maior liberdade. Mas os resquícios estão até hoje entre nós, e a beleza continua sendo entendida como uma ferramenta de sobrevivência. Ser bela para "arrumar um marido" ainda povoa o consciente e o inconsciente das mulheres.

No livro *Minha história das mulheres*, a historiadora Michelle Perrot observou as transformações das relações amorosas a partir dos anos 1900 e o impacto que tiveram na beleza feminina, especialmente após a grande novidade do "casamento por amor", que até então era algo impensável. Segundo essa autora, com as mudanças, a beleza e a atração física entraram em cena nas "trocas matrimoniais". Um homem de posses podia desejar uma jovem pobre, mas bela. Os encantos femininos eram um capital (Perrot, 2007).

Por mais que tenhamos evoluído nos últimos anos, especialmente nas últimas décadas, vamos seguindo modas, tendências, tentando nos encaixar, tentando caber.

Mais recentemente, os homens também passaram a sofrer pressão estética. Mas a história mostra que somos mais afetadas e há muito mais tempo. Por esse motivo, optei por usar o pronome feminino ao longo deste livro, porque este é um livro dedicado às mulheres. Não me proponho a abordar aqui as causas das mulheres transgênero, pois não fizeram parte do meu escopo de pesquisa. Além disso, só posso falar com propriedade sobre as questões com as quais tive que lidar ao longo da vida como mulher cisgênero.

O fato é que estamos exaustas de perseguir esses modelos de beleza, que, por sua vez, vão mudando ao longo das décadas. Essas transformações são bastante lucrativas, pois promovem um mercado que busca alimentar a autoestima das mulheres com dietas, alimentos e medicamentos “milagrosos”, produtos de beleza, procedimentos estéticos e intervenções cirúrgicas. O que precisa mudar é essa hierarquia de valores. A partir do momento em que passarmos a compreender mais amplamente esse sistema, os padrões poderão acabar se enfraquecendo ou mesmo ser superados.

Gatilhos: os seus, os meus, os nossos

"Lembro-me bem pouco do dia do espetáculo. Mas aquele dia ficou marcado para mim de outra forma. A cena mais vívida que tenho foi algo que presenciei por detrás das cortinas, escondida na coxia..."

Neste capítulo:

- Papel dos eventos da infância
- Influência do ambiente em que vivemos nos gatilhos
- Mãe e modelos de comportamento
- *Bullying*

Pedrinha no sapato

Sou uma mulher padrão, mas passei a vida inteira me sentindo gorda. Não cheguei a desenvolver transtorno de imagem nem tive problemas psicológicos sérios ligados ao meu corpo. Nunca deixei de fazer nada, de me relacionar, ou de paquerar por conta dessa percepção que eu tinha diante do espelho. O que eu sentia, desde muito novinha, era apenas um desconforto constante, uma "pedrinha no sapato". Lembro que, sempre que eu me sentava, cruzava os braços em cima da barriga ou colocava uma almofada para cobrir as pequenas dobrinhas que se formavam. Desde sempre convivi com aquele pensamento recorrente a muitas mulheres: "Bem que eu poderia perder uns 2, 3 quilos". E aí, quando perdia os tais 2, 3 quilos, era botar um biquíni para pensar: "Mas agora estou precisando dar uma definida, tá ruim ainda".

Por sorte, cresci em uma família que me deu todo o amor do mundo e suporte para que eu me amasse para além da minha aparência física. Também sempre busquei alimentar minha autoestima com aspectos que iam além da minha "casca". Sempre tentei me destacar por meio da minha personalidade, do meu conhecimento e das experiências que construí ao longo da vida. Essa percepção sobre o meu corpo felizmente também não afetou minha relação com a comida. Devo muito disso à minha mãe. Ela é e sempre foi uma grande defensora da comida caseira, pois foi criada em uma família simples, alimentada com "comida da roça". Então, na minha mesa sempre foram presentes verduras, legumes, arroz, feijão e frutas de todo tipo. Minha conexão com os alimentos sempre foi saudável e gostosa.

Por fim, sempre fui uma pessoa fisicamente ativa, pratiquei dança por muitos anos e sempre gostei de verdade de atividade física. Dado esse contexto, você deve imaginar que eu nunca tenha tido um problema real relacionado ao meu peso, certo? Correto, como disse no começo, nunca tive mesmo.

Sobre o assunto "peso", vale destacar que a ciência já demonstra que ele não define saúde e não depende única e exclusivamente daquela matemática "calorias que entram (pelos alimentos) *menos* calorias que saem (pelos exercícios)". No entanto, ainda é assim que muita gente pensa. Claro que uma alimentação saudável e uma vida ativa ajudam a manter a saúde e equilibrar o peso, mas vai além disso (O'Hara; Taylor, 2018).

O fato é que, quando fiz 35 anos, pensei: "Faz décadas que estou insatisfeita com o meu corpo. Quando é que vou me libertar?". Eu me sentia ingrata e muito culpada. E, finalmente, me dei conta de que essa encanação toda sempre foi única e exclusivamente estética.

Depois de muita terapia e leitura, fui entendendo quais estímulos externos afetavam a minha autoimagem (e a de milhares de mulheres no mundo todo). Estava tudo certo com o meu corpo. E com os corpos das outras mulheres também – de diversos tamanhos e formatos. O que não estava certo eram os padrões de beleza que me fizeram, a vida toda, caçar defeito onde não havia. Além dos fatores externos, olhei também para dentro, para tentar puxar quais eventos vivenciados na minha infância poderiam ter afetado a minha autoimagem de forma tão significativa. E descobri que um dos meus gatilhos foi o balé.

Reconvexo

Eu gostava de dançar. Mas tinha pavor da minha professora. Porque ela não gostava de meninas mais cheinhas, só gostava das supermagrinhas. Eu gostava da música clássica. Gostava até de todos os preparativos para a aula: colocar a meia-calça cor-de-rosa, o *collant*, a sainha preta de tecido fluido. As sapatilhas, o coque impecável preso por uma redinha. Aquele monte de grampo. O cheiro do gel de cabelo. Talvez eu não entendesse o propósito de tanta cerimônia, mas, como desde cedo fui dada ao movimento, não me incomodava o fato de ter que seguir tantas regras em nome da dança. Mas, ainda assim, sentia angústia. A coreografia de final de ano, que era para ser encarada como um evento positivo, geralmente me causava dor de barriga. Eu sentia que estava ali só para "fazer volume" no palco. Era mais uma menina "normal" que ocupava as últimas fileiras nas coreografias. Eu não merecia destaque, não era magra o suficiente para ser considerada uma "bailarina padrão".

Eu estava no terceiro ano do balé, prestes a encarar o tão sonhado desafio da sapatilha de ponta. Minha professora montou duas coreografias para encerrar aquele ciclo. Uma, com o grupo todo; a outra, que tinha o nome de "As Bonequinhas", seria apresentada por somente quatro meninas. Elas eram lindas. Magérrimas. Uma delas tinha até olhos verdes! Ela era... uma bonequinha! Fiquei de fora. Senti tristeza. Inveja. Raiva. Quando finalmente assimilei o que estava rolando, senti admiração por aquelas quatro meninas. "Será que para eu me destacar preciso ser *mais* magra?" Acredito que essas perguntas já começavam a se formular no meu inconsciente.

Lembro-me bem pouco do dia do espetáculo. Mas aquele dia ficou marcado para mim de outra forma. A cena mais vívida que tenho foi algo que presenciei por detrás das cortinas, escondida na coxia, enquanto esperava a minha hora de entrar e ocupar humildemente o meu lugar na penúltima fila. Era a apresentação das meninas "grandes", do oitavo ano do balé. Vi a agitação delas antes de entrarem no palco, com seus *collants* brancos, saias igualmente brancas e fluidas, flores na cabeça. Elas dançaram ao som de "Reconvexo", composição de Caetano Veloso cantada por sua irmã, Maria Bethânia.

Até hoje essa música me arrepia. Acho que foi ali que entendi que, para dançar, eu não precisava ser extremamente magra. Eu só precisava dançar mesmo. A batida daquela música, somada às flores, às saias, aos braços e às pernas esvoaçantes, causou-me uma espécie de transe. E eu não conseguia tirar os olhos de uma bailarina. Ela sorria com os olhos. Depois, descobri que era a professora e coreógrafa. Chamou atenção o fato de ela não parecer uma bailarina "tradicional": tinha um corpo mais próximo do que para mim parecia "real", com coxas grossas, bunda grande. Às vezes me pergunto se essa imagem é 100% verdadeira ou se eu a moldei para que ficasse do jeitinho como eu quero interpretar aquele momento. Entendi aquilo como uma libertação. Eu saí do balé. Mas aquela imagem ficou dentro de mim.

Percepções sobre o próprio corpo

Dois anos se passaram. Mudei de casa e de bairro. O meu prédio novo ficava em um conjunto popular que tinha um centro comunitário onde rolavam algumas aulas. Foi ali que eu conheci o que naquela época chamávamos de aula de *jazz*.

Zuleika era o nome da minha professora. Cabelo preto, volumoso e compridíssimo, que ela geralmente amarrava em um enorme coque bem no alto da cabeça. Tinha uma barriguinha proeminente, o que talvez pudesse ser considerado uma afronta ao mundo do balé clássico. Mas ela não se importava e usava umas calças supercoloridas, justas, com cintura alta. Batom? Vermelho, sempre. Falava alto, dava risada alto. Ela era adorável. Me senti em casa.

Eu amava a professora Zuleika. E eu sentia que ela gostava de mim também. Sempre me dava uns toques, me incentivava quando via que eu me superava em algum movimento, enfim... me notava. Tanto que, para o espetáculo de final de ano, ela montou duas coreografias. Uma, com o grupo todo. Outra, somente para duas alunas. Eu e mais uma colega, que era uma menina linda.

Eu não tinha essa noção na época, mas o jogo tinha virado pra mim. Não fui uma "bonequinha", mas finalmente tinha sido percebida. E eu estava no palco ao lado da menina mais bonita da turma. Aos 11 anos, eu já tinha dado a famosa "espichada", o que me fez ganhar um corpo um pouco mais torneado. Eu e minha parceira de palco fazíamos desenhos no ar com uma fita amarela de cetim, que acompanhava os movimentos das nossas mãos. Eu não sei dizer se o fato de emagrecer um pouco me fez mais confiante e, com isso, passei a dançar melhor. Mas hoje vejo que o formato do meu corpo, já naquela época, representava muito para mim. Aquela menina de 11 anos já estava preocupada sobre se tinha o corpo ideal para dançar. Na verdade, ela só queria ser notada pela professora de dança. Eu tinha sido invalidada no balé por conta do meu corpo; alguns anos mais tarde, acreditei ter sido validada no *jazz* pelo mesmo motivo.

Hoje, olhando para trás, creio que o meu esforço e o meu desempenho tenham chamado a atenção da professora, e não o tamanho do meu quadril. Mas, com 11 anos, eu interpretei que teria que me esforçar para me manter no padrão se quisesse ter destaque.

Muitas meninas, assim como eu, chegaram a uma conclusão parecida e, muitas vezes, de maneiras bem negativas. E nem dá para apontar o dedo para um só culpado, porque essa percepção que temos do nosso corpo se forma a partir de uma combinação de fatores.

Magreza e perfeccionismo

Enquanto escrevia este capítulo, comentei com uma amiga essa lembrança de infância – de que eu me sentia gorda perto das meninas do balé e que por isso, na minha cabeça, eu ficava nas últimas fileiras. Essa amiga disse que também fez balé e que sempre ficava na primeira fila. Mas ela não se sentia melhor ou pior do que ninguém: ela só achava que ficava na frente por ser baixinha. Essa experiência não trouxe qualquer memória negativa para ela, que encarava sua posição na apresentação de forma neutra, diferentemente de mim, que acreditava haver algo de errado comigo.

Segundo a psicóloga especialista em dança Maria Cristina Lopes, situações parecidas podem gerar pressões diferentes, dependendo da pessoa.

> Na infância, ser "baixinha" ainda não parece ser um problema, enquanto não ter um corpo que se considera "ideal" é, além de

> trazer um aspecto de responsabilidade sobre o próprio corpo, mesmo que seja o biotipo da criança. Enquanto ser baixinha não traz estas mesmas preocupações ou culpa. (Lopes, 2021)

Isso confirma o peso que os padrões de beleza exercem nas nossas mentes desde muito cedo. Além disso, explica por que muitas de nós estamos sempre tão preocupadas em sermos "perfeitas", como se quiséssemos compensar uma falta ou um excesso que acreditamos ter nos nossos corpos.

No caso do balé, que tomei como exemplo em razão da minha experiência, o perfeccionismo é um traço bastante comum e, segundo Maria Cristina Lopes, pode gerar uma preocupação exagerada com erros e o estabelecimento de parâmetros de desempenho muito altos. Além disso, pode desencadear estresse, *burnout*, inibição da criatividade e desmotivação, além de comprometer o rendimento e gerar baixa autoestima (Bettle *et al.*, 2001) e insatisfação corporal (Dotti *et al.*, 2002).

Precisamos estar atentas e questionar esse padrão rígido (e eurocêntrico) de beleza para que as mulheres não desistam dos seus sonhos e se sintam à vontade para dançar e praticar qualquer modalidade que desejarem, independentemente de suas medidas. Especialmente no Brasil, onde temos uma miscigenação tão grande e tantos tipos de corpos, cores e belezas.

Pressão estética × técnica

Uma das justificativas para a exigência de corpos magros, não apenas no balé mas também no esporte, passa pela questão técnica. É como se o peso ou o formato físico fosse um fator limitador para a execução de determinados movimentos.

É importante saber diferenciar quando a crítica tem a ver com pressão estética, e não com técnica, porque um equívoco desse tipo pode colocar tudo a perder – uma menina que se enxerga fora do padrão estético pode dançar lindamente ou ter um enorme potencial esportivo, mas se sentir insuficiente e decidir parar.

Maria Cristina Lopes afirma que "não há um corpo 'correto' para a dança" e que esse tipo de exigência pode variar de acordo com a modalidade, a coreografia e, sobretudo, a valorização estética presente na dança.

> Certas "regras" relativas ao aspecto físico deveriam estar limitadas ao âmbito profissional. Para a dança recreativa, educativa ou amadora, a ideia de um corpo padrão para a dança é puramente cultural – sendo essa cultura nociva para os dançarinos e que afasta novas pessoas da dança. A dança deveria, em tese, ser para todos. Afinal, todos dançamos desde bebês ao som de uma música: faz parte do ser humano. O peso, a idade, transtornos, doenças e deficiências não deveriam ser critério para estar ou não na dança. (Lopes, 2021)

A boa notícia é que esse cenário vem mudando nos últimos anos. Segundo a psicóloga, esse contexto não é uma regra:

> Há inúmeros espaços e iniciativas de dança que trabalham de forma ética e adequada com a infância. Esses projetos podem não provocar esses prejuízos e ainda proporcionar benefícios a respeito da autoestima e da autoimagem. (Lopes, 2021)

Validação pela aparência desde cedo

Somos a soma de experiências que vivemos e da influência das pessoas com quem crescemos e nos relacionamos.

Principalmente na infância e na adolescência, ainda com a personalidade em formação, estamos mais suscetíveis a nos magoarmos muito com críticas ou, ao contrário, a acreditar demais em elogios.

Quando se nasce mulher, é muito comum ser validada desde cedo pela aparência. Então, se você cresce sendo bajulada por ser bonita, ou depreciada por não se encaixar no padrão, pode acabar acreditando que sua imagem é o maior valor que você tem para oferecer ao mundo. E, assim, dedicar boa parte da sua vida tentando manter a "fachada" mais perfeita possível ou se punindo por não conseguir chegar perto desse ideal. Familiares, amigos, professores e, já na vida adulta, parceiros amorosos podem desencadear uma insatisfação corporal até mesmo a partir de um único comentário.

A doutora em psicologia Renee Engeln, que lidera o Body & Media Lab, na Northwestern University, Estados Unidos, estuda imagem corporal há anos. Em seu livro *Beauty Sick* ("Doença da beleza"), ela reuniu diversas entrevistas com meninas e mulheres e notou que a maioria delas conseguia descrever situações que viveram ainda na infância e que mudaram sua percepção corporal para o resto da vida:

> A doença da beleza é um negócio complicado, com vários tipos de fatores contribuintes. Mas muitas mulheres com as quais eu falei têm memórias nítidas de um incidente específico que solidificou, pela primeira vez, sua atenção para sua própria aparência. (Engeln, 2018, p. 92-93, tradução nossa)

Os comentários podem ser agressivos, brandos ou até mesmo engraçados. Mas não duvide do radar de uma criança: ele é bastante aguçado. Algumas frases podem grudar na mente como chiclete.

Na minha pesquisa para este livro, encontrei diversos relatos sobre mães tóxicas que passaram a vida depositando, na filha, uma expectativa de perfeição, com cobranças agressivas e altamente depreciativas. Expectativas essas que muitas vezes escondem as próprias frustrações. Esses casos merecem tratamento à parte, porque muitos deles só são resolvidos por meio de terapia. Algumas mulheres demoram anos para identificar que certos comentários não são toleráveis nem mesmo quando saem da boca de uma mãe, que é o nosso primeiro e mais importante referencial feminino nos primeiros anos de vida. No prefácio do livro *Mothers, Daughters, and Body Image* ("Mães, filhas e imagem corporal"), de Hillary L. McBride, a psicóloga Ramani Durvasula escreveu:

> Ao conduzir terapia sobre perda de peso com meus pacientes, aprendi que as lutas de longa data com a imagem corporal e a perda de peso raramente envolvem carboidratos e modelos de passarela. São histórias complexas sobre velhas feridas, roteiros antigos e, às vezes, traumas do passado. Distorções da imagem corporal e alimentação descontrolada não são simplesmente manifestações de manipulação da mídia ou pouca força de vontade, mas antigas narrativas que se tornaram tão gastas que parecem a identidade de uma pessoa. Antes que meus pacientes percebam, os diários alimentares e as metas de exercícios tornam-se conversas sobre refeições antigas nas mesas de jantar da infância, observações sobre o arrependimento das mães e, por fim, o abandono de esquemas antigos e construções pessoais. (McBride, 2017, p. 7, tradução nossa)

Estudos como o realizado pelo psicólogo Dieter Benninghoven (2007) demonstram que a mãe é o principal modelo no comportamento alimentar da criança, influenciando sua percepção corporal e até mesmo a predisposição para transtornos alimentares. Também pude comprovar isso por meio de entrevistas com profissionais, além, é claro, dos relatos que recebi. Muitas das histórias começam mais ou menos assim: "Desde quando eu era pequena, minha mãe me levava a médicos, me colocava de dieta, me matriculava em atividades físicas para ver se eu emagrecia". É uma narrativa muito comum. Acredito que a maioria dessas mães estava buscando o melhor para suas filhas. Sinto que por trás dessas atitudes há um esforço genuíno em diminuir o sofrimento da criança que esteja sofrendo *bullying*, tendo dificuldades de relacionamento ou problemas de saúde ligados ao peso. Lembrando que a obesidade infantil é uma realidade que acomete mais de 3 milhões de crianças brasileiras (Ministério da Saúde, 2021).

É preciso também reconhecer que, em um país grande, diverso e desigual como o Brasil, a maioria das mulheres com filhos não tem dinheiro ou cabeça para, no fim de um dia exaustivo de trabalho, investir tempo em uma reeducação alimentar efetiva, que englobaria mudanças de hábitos, crenças e comportamentos. Por isso, para muitas, as soluções radicais podem parecer as únicas alternativas possíveis. Dessa forma, recorrem a uma drástica redução calórica – a partir de dietas restritivas – ou à proibição de determinados tipos de alimentos considerados "vilões", como doces, refrigerantes e carboidratos simples de um modo geral. Esse tipo de atitude pode gerar justamente o efeito contrário. O extremismo geralmente tende a desencadear ainda mais vontade de comer os tais alimentos "proibidos", preocupação exagerada com o peso, vergonha do próprio corpo e relação ruim com a comida desde muito cedo.

De qualquer forma, a preocupação dessas mães é legítima. Só que a falta de informação é grande, uma vez que saúde e pressão estética estão entrelaçadas. É preciso separar esses dois conceitos, mas muitas mães simplesmente ainda não têm ferramentas para isso. Afinal, elas também são bombardeadas diariamente com imagens de corpos "perfeitos" e conselhos de uma possível alimentação "perfeita" e de formas "perfeitas" de criar seus filhos.

Por fim, vale lembrar que, embora nossas mães tenham um papel indiscutivelmente importante na formação da nossa psique, elas não são as únicas figuras que podem nos influenciar nesse sentido. Outros familiares, irmãs e irmãos mais velhos, pessoas próximas e até mesmo crianças da mesma faixa etária podem servir de "modelos" e nos oferecer exemplos bons e ruins (Mental Health Foundation, *on-line*). Por isso, é importante estarmos atentas às referências que cercam nossas meninas.

Infelizmente, nem sempre é possível evitar os traumas mais graves, como os casos de abusos sexuais ou psicológicos. Muitas mulheres, a partir de experiências como essas, desenvolvem uma aversão ao próprio corpo e passam a vida tentando escondê-lo. É o caso da escritora Roxane Gay, que, em seu livro *Fome*, conta as consequências de um abuso sofrido aos 12 anos de idade. Ela desenvolveu transtornos alimentares e chegou a pesar mais de 200 quilos, sempre com uma relação muito autodestrutiva com o próprio corpo e um total descontrole diante da comida (Gay, 2017). Casos como esses exigem acompanhamento psicológico e muito autoconhecimento. A partir de uma conscientização maior sobre o problema, muitas dão a volta por cima e resgatam o amor-próprio, entendendo, finalmente, que jamais foram culpadas pelas experiências que sofreram.

Opiniões não solicitadas

A esta altura da vida eu imagino que você já deve ter percebido que muita gente se sente no direito de comentar o corpo de uma mulher. Acho muito difícil (praticamente impossível) passar ilesa disso nessa vida – tenha você engordado ou emagrecido alguns quilos ou, simplesmente, usado uma roupa que ressaltasse um pouco mais a sua silhueta. Quantas de nós também já ouvimos opiniões não solicitadas sobre nossa alimentação? De que estamos comendo demais, ou de menos, "muita porcaria"? Como disse Nora Bouazzouni em seu livro *Fominismo*:

> Como tolerar um corpo constantemente examinado? Como não ter uma baixa autoestima, levando em conta as advertências incessantes assim que ligamos a tevê, abrimos uma revista, colocamos um pé pra fora de casa, ou, ainda, tendo em vista os comentários da própria família, amigos, colegas ou desconhecidos? É uma verdadeira *via crucis* driblar essas pequenas frases culpabilizantes pronunciadas por pessoas convencidas de sua benevolência. Aos 8 anos, a padeira me disse: "Um bolo de chocolate são dez segundos na boca, dez anos no quadril". (Bouazzouni, 2019, p. 92)

Perceba o quanto a cultura da dieta está enraizada nessa observação – até a padeira, cujo maior interesse deveria ser o de vender o bolo e fidelizar uma cliente, preferiu associar o próprio produto a uma possível "maldição": a do quadril largo.

E esses "conselhos" ligados ao corpo feminino geralmente têm uma conotação de alerta, o famoso: "É só um toque". Por isso, muitas vezes são ditos de forma amena ou em tom de brincadeira. Mas não dá para negar as marcas que eles geram. Em seu livro *Não sou exposição*, a nutricionista Paola Altheia escreveu:

> Perdi as contas de quantas vezes já conversei com mulheres que receberam uma "carteirinha de gorda" aos 9, 10 ou 11 anos e, desde então, foram forçadas a contar calorias, marcar pontos, experimentar chás e *shakes* numa tentativa de "correção" de um corpo que não cometeu crime algum, só é um pouco maior do que os outros alunos da sala. (Altheia, 2019, p. 99)

Para as mulheres adultas e, especialmente, para as que já têm uma maior consciência sobre os padrões de beleza, é mais fácil deixar entrar por uma orelha e sair pela outra. Mas reforço a importância do meio social na formação das crianças e das adolescentes. Claro que não dá para controlar o que a padeira vai falar. Para isso, uma autoestima bem trabalhada pode ser antídoto. Entretanto, da porta para dentro de casa, ou seja, no ambiente "controlável", seria interessante evitar certos comportamentos tóxicos, que, por sua vez, são altamente contagiantes. Como eu disse, o radar é afiado. Tudo conta nessa fase da vida: a linguagem dita e a não dita; dos comentários e broncas sérias às piadinhas mais despretensiosas.

Bullying não é mimimi

Enquanto o ambiente familiar molda nossa personalidade e a forma como enxergamos o mundo, da porta para fora é onde "o bicho pega", onde descobrimos que nem todo mundo é parecido fisicamente ou pensa da mesma forma. É onde somos aceitas ou rejeitadas. As crianças mais propensas a serem vítimas de *bullying* são as que integram comunidades marginalizadas, vêm de famílias pobres, ou de imigrantes, ou de refugiados, e apresentam diferentes identidades de gênero e deficiências (Unicef, *on-line*). Na internet, o *bullying* é amplificado. Ele chega para um número muito grande de pessoas, em um curto espaço de tempo, e deixa um "rastro" *on-line*.

Profissionais ao redor do mundo se dedicam a estudar as consequências psicológicas dessas agressões, que podem perdurar até a vida adulta. Além dos prejuízos à saúde mental (Husky *et al.*, 2020), o *bullying* pode comprometer o desenvolvimento escolar e gerar traumas, dificuldades sociais e a sensação de solidão, além de servir como um terreno fértil para insegurança, baixa autoestima, depressão e ansiedade. Nos casos mais extremos, como podemos infelizmente acompanhar em notícias cada vez mais recorrentes, podem incentivar suicídios e violência nas escolas, geralmente motivada por um sentimento de vingança pelas humilhações sofridas. De "mimimi" esse assunto não tem nada.

Geração Barbie

Em um mundo onde as referências de beleza podem deixar todo mundo com a mesma cara, existe lugar para quem é diferente? Para falar de *bullying*, é preciso falar das referências infantis que estão internalizadas na nossa cultura. Afinal, as imagens que consumimos, ainda que de forma inconsciente, ficam na nossa mente e se manifestam em algum momento nos nossos comportamentos.

E o que "ser diferente" significa? Ir para o espaço, por exemplo, é algo bem fora do comum. E ser astronauta já foi o sonho de muitas crianças há cinquenta anos, depois que a imagem do homem pisando na Lua pela primeira vez invadiu milhares de televisores ao redor do mundo. Hoje em dia, no entanto, a molecada não pensa duas vezes antes de responder o que quer ser quando crescer: "Youtuber!". Sim, uma pesquisa (Leskin, 2019) mostrou que ser uma estrela da internet é o sonho profissional da maioria das crianças de 8 a 12 anos de idade nos Estados Unidos e no Reino Unido. Esse dado reflete como as crianças respondem aos estímulos culturais de cada época. Os modelos que elas veem na TV e na internet de fato servem como um parâmetro importante. Assim, elas tentam copiar e se encaixar e, naturalmente, rejeitar ou estranhar o que é "diferente".

Eu sou de uma geração que foi marcada pela boneca Barbie e pelas princesas da Disney. A Barbie é icônica porque faz parte do imaginário feminino desde 1959, sendo que a versão "clássica", digamos assim, é branca, magra, loira e tem proporções corporais impossíveis para uma mulher real. As princesas da Disney, por sua vez, tinham sua feminilidade retratada de forma delicada e passiva, além de serem sempre magras e brancas.

A coisa melhorou um pouco de uns anos para cá, e as princesas de hoje vão mais em busca do final feliz em vez de ficarem esperando o beijo libertador do príncipe. A Barbie, por outro lado, ajudou a disseminar a imagem de uma mulher mais independente, que podia comprar o próprio carro e ser o que ela quisesse: atleta, ginecologista, pilota e (por que não?) astronauta.

A diversidade também foi registrada ao longo dos anos, e com o tempo a boneca ganhou versões com diferentes cores e texturas de cabelo, tons de pele e deficiências físicas. Em 2016, a Mattel, a fabricante, anunciou o lançamento da linha "Fashionista", com variados formatos de corpo, sendo uma delas curvilínea. O acontecimento gerou um bafafá tão grande que foi parar na capa da revista *Time*. "Now, can we stop talking about my body?" (em tradução literal, "Agora podemos parar de falar sobre o meu corpo?"), dizia a frase, ao lado da imagem da boneca de perfil, mostrando uma silhueta maior que a da "clássica" (Dockterman, 2016). Para continuarmos na analogia dos astronautas (e inspirada na frase de Neil Armstrong ao pisar na Lua), eu diria que esse foi um pequeno passo para uma boneca, mas um grande salto para a humanidade.

Experiências e relatos*

MARCELA SILVÉRIO

28 anos
Artista da dança e autora da monografia
O corpo negro e o estereótipo da bailarina
São Vicente – SP

"Sempre senti que meu corpo negro era tratado de forma excludente, principalmente nas aulas de balé. Não tinha perspectivas de um futuro com a dança, muito menos com o balé. Eu poderia ter um futuro com as danças ligadas à cultura negra, como o samba, mas, em outros contextos, não. O uso do figurino 'cor da pele' era uma questão: cor da pele de quem? E também tem a questão do coque. Meu cabelo sempre foi volumoso, e os penteados não eram pensados para o cabelo crespo. Quando me tornei professora de balé, passei por esse processo de não ser vista como tal. Acredito que é uma quebra de estereótipo e, infelizmente, de paradigma, porque são poucas professoras negras de balé que são vistas e reconhecidas. Quantas bailarinas negras vocês conhecem?"

* Os depoimentos para este livro foram coletados no ano de 2021. Acesse os QR Codes para ler os depoimentos completos. (N. E.)

JÚLIA DEL BIANCO

33 anos
Professora e criadora do Dance 4 Plus, escola size friendly *de dança* on-line
Limeira – SP

"Comecei a dançar com 3 anos na escolinha infantil, com 6 eu fui para uma academia de balé. Eu sempre quis dançar, acho que desde a barriga da minha mãe. [...] Eu sempre tive coxas grossas, então era considerada 'gorda'. [...] Cheguei a dançar em algumas companhias mais contemporâneas, com teatro, mas eu não podia ir para uma companhia clássica, por exemplo, porque eles nem me aceitavam. Ser bailarina ficou fora de cogitação. Então, fui dar aula, pensando que eu iria emagrecer para depois poder dançar. Só que, dando aula, eu quis romper com esse negócio de ter a primeira bailarina, aquela que tem toda a atenção do professor enquanto as outras ficam esquecidas. Isso é meio comum no balé. Eu preferi olhar todas as alunas por igual, partindo do princípio de que toda aluna consegue aprender. E eu vi o quanto isso ajudou minhas alunas a mudarem. Elas me falavam que tinham mais autoestima. E até o fato de eu ser gorda e fora do padrão também era um incentivo. Elas se viam em mim, era uma representatividade. É engraçado porque, mesmo quando comecei a dar aula, as pessoas não queriam me contratar. Onde já se viu uma professora de balé gorda, não é mesmo? Eu via que eu tinha um currículo bom, e às vezes quem entrava na vaga nem era tão qualificada, mas eu não tinha o corpo esperado. Tive algumas portas fechadas, mas aí olhei para as minhas alunas e pensei: 'Se faço isso para elas, não posso me sentir uma fracassada'."

BARBARA VAZ

26 anos
Pesquisadora, professora e bailarina de danças urbanas vernaculares afro-estadunidenses
São Paulo – SP

"Minha história com a dança começou aos 4 anos, com balé clássico. Fiz aulas dentro do colégio até uns 10 anos, mas desisti. [...] Eu tenho memórias de me comparar bastante com as demais meninas porque era a mais gorda da turma, mas isso não me impedia de dançar. Pelo contrário: eu sentia uma necessidade de provar que minha dança era tão boa e tão válida quanto. Ainda assim, só voltei a frequentar aulas de dança aos 16 anos. Encontrei um estúdio que tem um cuidado pedagógico dos profissionais para garantir a inclusão de todos na sala de aula, não fomentar a competitividade e a diferenciação entre as pessoas e promover a dança independentemente de acertos e erros. [...] Consigo avaliar que o ambiente da dança por si só não foi um gatilho para que eu desenvolvesse os transtornos alimentares de compulsão alimentar e bulimia que começaram por volta dos 12 anos; ou para que eu tivesse uma relação ruim com a minha imagem. Vejo claramente que é um ambiente que reflete a cobrança por padrões que temos na sociedade como um todo, principalmente por lidarmos de maneira obrigatória com o corpo, e que precisamos pensar cada vez mais em incluir os mais diversos corpos. Mas consigo reverter essa situação pensando a dança como uma ferramenta incrível de entendimento corporal."

O mesmo assunto o tempo todo

"Como assim ela não vê nada de errado nesse corpo?"

Neste capítulo:

- Impacto de conversas sobre o corpo
- Imagens que consumimos
- Opiniões não solicitadas

Fat talk e *body talk*

Falar sobre corpo e dietas é um hábito comum entre as brasileiras. O "país tropical abençoado por Deus" (como cantou Jorge Ben Jor), com clima quente na maior parte do ano, convida a usar menos roupas e deixar mais pele à mostra. Com o corpo em evidência, estamos mais sujeitas a avaliar e a sermos avaliadas. "Você viu como a Fulana engordou?" é uma frase que com certeza você já falou ou já ouviu. Eu já falei e já ouvi. Mas hoje entendo quanto esse tipo de assunto é nocivo tanto para quem o inicia como para quem se engaja nele.

Fat talk (algo como "papo sobre gordura") é um nome utilizado para o hábito de depreciar o próprio corpo ou o de outras mulheres, falando sobre peso, celulite, estria, excesso de gordura e outras coisas que consideramos "defeitos". Estudos conduzidos pelas doutoras em psicologia Rachel Salk e Renee Engeln indicam que esse tipo de conversa aumenta não apenas a insatisfação corporal (Salk; Engeln, 2011) como também a sensação de culpa e tristeza (Salk; Engeln, 2012). É um costume tão antigo entre as mulheres que frequentemente vemos esse tipo de diálogo sendo retratado em filmes, séries e novelas.

Um exemplo clássico é uma cena do filme *Meninas malvadas*, de 2004. Se você não assistiu, aí vai um breve resumo: Regina George (Rachel McAdams) é a menina mais bonita e popular do colégio e anda sempre com duas amigas a tiracolo, que vivem para exaltá-la. Um belo dia, chega uma garota nova na turma: Cady Heron (Lindsay Lohan). Acontece que Cady cresceu na África, com pais zoólogos, e até os 16 anos foi educada dentro da própria casa, sem contato com meninas da mesma idade. Isso significa que, no seu entorno, não existiam os mesmos referenciais de beleza de Regina e sua trupe. Apesar das diferenças, elas se tornam amigas. Um dia, as adolescentes estão diante do espelho e começam a disparar uma série de reclamações sobre os próprios corpos – quadril, cabelo, ombro muito largo, poros muito abertos (vale ressaltar que todas essas personagens estão dentro do padrão de beleza vigente). Cady fica confusa e não sabe muito bem de que forma pode contribuir para a conversa, porque, na cabeça dela, estava tudo certo com sua aparência. Ela pensa um pouquinho e, finalmente, diz: "Eu tenho mau hálito de manhã". A resposta provoca no grupo uma reação de total estranheza, como se pensassem: "Como assim ela não vê nada de errado nesse corpo?" (que, diga-se de passagem, também é um corpo padrão).

O que isso diz a respeito da nossa cultura? Que parece que somos educadas para não gostarmos dos nossos corpos. Se, por acaso, você aprova o que vê no espelho e exterioriza isso, pode soar pretensiosa, exibida ou pouco empática com a pessoa que só consegue ver defeito na própria imagem. Por isso, muitas acabam se juntando à conversa caçando imperfeições em si mesmas ou as apontando no corpo de outras. É como se, para pertencer a um grupo ou para ser merecedora de uma amizade, fosse preciso se diminuir.

Quando esse tipo de conversa ou comentário é feito perto de crianças, a coisa é um pouco mais complicada, porque elas podem interpretar as frases ao pé da letra e levar muito a sério algo que foi dito de forma banal, sem muita seriedade.

Um estudo de 2018 realizado por professores e psicólogos norte-americanos apontou que conviver com familiares que praticam o *fat talk* pode prejudicar a imagem corporal da criança, afetar seu comportamento alimentar e até mesmo servir como gatilho para o desenvolvimento de transtornos alimentares (Webb *et al.*, 2018). Mesmo quando o comentário não é feito sobre o corpo da criança, ela pode registrar e pegar de alguma forma para si. Imagine crescer ouvindo frases como estas:

1. "Se eu comer mais um pedaço de bolo, eu vou sair rolando da mesa / vou explodir / não vou mais entrar em nenhuma das minhas roupas."
2. "Estou enorme de gorda." (Com semblante triste e apertando a barriga diante do espelho.)
3. "Se eu continuar comendo assim e não criar vergonha na cara, não vou ter coragem de colocar meu biquíni."
4. "Chega de 'gordice' nesta casa (enquanto come algo considerado 'engordativo')! Vamos ficar uma semana sem doce por aqui."
5. "A Fulana ficou tão linda depois que emagreceu. Parece até outra pessoa!"

Reitero que esse tipo de pensamento faz parte da nossa cultura e que todas nós estamos sujeitas a continuar replicando-o, porque está muito enraizado. Mas a criança pode interpretar como:

1. Comer bolo é perigoso (e não um prazer que, dentro de uma alimentação equilibrada, pode trazer satisfação e alegria).

2. Ser gorda é o pior castigo para uma mulher, logo é algo que tenho que temer e controlar.
3. Comer engorda, e biquíni é só para mulher magra.
4. "Gordice" é tudo o que é gostoso, e tudo o que é gostoso faz mal e engorda. Ou seja, não posso comer; se comer, tem que ser escondido (gatilho para compulsão alimentar).
5. Ser magra é maravilhoso. É o jeito "certo" de viver e de ser aceita.

Falo de gordura nesses exemplos porque ela está associada à grande maioria das queixas relacionadas à insatisfação corporal relatadas para este livro – e na maior parte da literatura que li sobre o tema. Mas você pode adaptar frases a qualquer outra forma de depreciação do corpo: pele, estatura, tamanho do nariz, da boca e dos dentes, textura do cabelo... Qualquer comentário pejorativo que tenha a ver com imagem corporal, seja direcionado a você mesma, seja a um terceiro, pode gerar uma interpretação complexa na cabeça de uma criança, além de dar abertura para preconceitos.

Estudando sobre isso, aprendi que a expressão *fat talk* é questionada por alguns especialistas. Eles defendem que, nesse tipo de contexto, a palavra *fat* ("gordo", "gorda") já é entendida como algo negativo. Também, pudera: ao passo que você começa a desconstruir alguns mitos e "certezas" que cresceu ouvindo, passa a reparar mais no tanto de espaço que é dedicado para falar sobre a gordura feminina. E quanto, na maioria das vezes, isso tem pouco (ou nada) a ver com uma preocupação genuína com a saúde. Por isso, outros termos passaram a ser utilizados: *body talk* ("papo sobre corpo") ou *negative body talk* ("papo negativo sobre corpo"), que dizem respeito aos diálogos centralizados na aparência física.

Mudando a prosa

Eu entendo que compartilhar inseguranças físicas pode até trazer um senso de conforto. Quando estamos insatisfeitas com a nossa imagem, às vezes só queremos desabafar sobre isso, buscar apoio ou, pelo menos, encontrar alguma espécie de "eco" para sentirmos que não estamos sozinhas nessa jornada de ódio ao corpo. Quando você fala algo como "Estou me sentindo tão gorda; comi tanto no Natal", o mínimo que você espera de volta é que sua amiga fale algo do tipo "Nem me fale, não estou entrando em mais nenhuma das minhas calças". Certo? Mas, tirando esse "alívio" momentâneo, não há evidências científicas que demonstrem que esse tipo de autodepreciação compartilhada ajude as mulheres a melhorarem a visão que têm de si mesmas. A própria palavra "autodepreciação" já é carregada de sentimentos e símbolos negativos e, geralmente, leva a um monitoramento exagerado do próprio corpo, maior insegurança e uma necessidade de comparação constante, como se estivéssemos em um eterno concurso de beleza. É bom lembrar: não estamos.

Para interromper esse ciclo, a solução mais óbvia que eu encontrei me pareceu a mais eficiente: mudar de assunto, como Renee Engeln pontuou em seu texto "7 Strategies to Shut Down Body Shaming From Family Members" ("7 estratégias para combater comentários negativos sobre o corpo vindos de familiares") (Engeln, 2018). Temos que colocar a nossa aparência no lugarzinho dela – como apenas uma parte da nossa vida, e não a mais valiosa. Talvez seja interessante observar se você mesma não está falando demais sobre esse tema e convidando quem está à sua volta a participar.

Por outro lado, às vezes somos colocadas no meio dessas conversas sem querer – em reuniões familiares, refeições, festas, etc. Todo mundo tem aquela tia ou aquele tio, ou colega de trabalho, ou mesmo mãe, pai, amigas próximas ou parceiro(a) que adoram comentar sobre o nosso corpo ou sobre as nossas escolhas alimentares. "Nossa, você engordou/ emagreceu/ está abatida/ precisa se cuidar/ está comendo demais." Já ouviu esse tipo de frase? Pois bem, em primeiro lugar, saiba que esse comentário diz mais a respeito da pessoa do que de você: enquanto ela ainda está presa à superficialidade da imagem, você já está em outra, fortalecendo sua autoestima a partir de outros aspectos da sua personalidade e cuidando da sua saúde. Se ignorar os comentários ou mudar de assunto não funcionar, você poderá tentar abrir um diálogo.

Pode ser algo construtivo explicar para a pessoa o quanto esse tipo de opinião não solicitada é problemático (se for um relacionamento que valha a pena, claro). De repente, pode ajudar a pessoa a pensar diferente, a não se prender tanto nos padrões de beleza, a ser uma pessoa menos preconceituosa e invasiva. Espero que isso inspire boas e produtivas conversas ou, pelo menos, te ajude a colocar alguns limites.

Experiências e relatos

LEILA *(nome fictício)*

25 anos

Psicóloga

Goiânia – GO

"Lembro que, quando eu era criança, com mais ou menos 6 anos, eu tinha dobrinhas na barriga e alguém fez alguma piada dizendo que eu tinha várias. Quando fui comparar com minhas primas, percebi que realmente eu tinha mais do que elas, e isso me incomodou, mas não a ponto de buscar eliminá-las. Lembro-me de outra vez em que estava conversando com um rapaz de quem gostava, quando tinha uns 13 anos. A roupa que eu usava estava apertada, então eu tentava tampar minha barriga com os braços cruzados. Meus ombros doíam, porque fiquei muito tempo com os braços assim. Aos poucos, fui percebendo e aceitando que o meu corpo tem curvas e que nunca teria o biotipo magro. Mas desenvolvi compulsão alimentar e depressão quando tinha 21 anos. Em uma olhada no espelho, vi que estava gorda e fiquei muito triste por isso. Desde então, acho que não houve um dia em que fiquei satisfeita com o meu corpo. Minha mãe sempre me disse que eu tinha tendência a engordar e que, por isso, não podia comer muito. Desde quando eu era criança ela me falava isso, e em tempos em que eu estava muito magra (até o meu rosto ficava fundo), ela dizia que eu precisava emagrecer mais. Por mais que ela falasse, eu nunca me via do tamanho que ela relatava. Mas, quando dei aquela olhada no espelho aos 21 anos, os comentários dela ficaram muito pesados. Me preocupo muito com o que os outros pensam, então só de imaginar que alguém possa estar pensando 'Nossa, ela era mais bonita magra' me faz querer emagrecer. Eventos importantes, como casamentos ou viagens, também são gatilhos para emagrecer. [...] Estou fazendo terapia para conseguir perder peso por questões de saúde e, principalmente, para ter uma boa autoestima e confiança em mim mesma. Tem me ajudado muito!"

JÉSSICA *(nome fictício)*

41 anos
Psicóloga
São Paulo – SP

"Como sou alta, me comparava com as colegas de escola, que sempre eram menores e mais magras do que eu. Me sentia diferente, desengonçada e sem graça. Dependendo do momento de vida, gostava de esportes, fiz handebol durante anos. Odiava academia, mas me obrigava a ir porque tinha que ficar magra. Tomei muitas medicações e até injeção de enzima na barriga para queimar as gorduras. Eu não tinha nem 22 anos. Acredito que muitos fatores definiriam essa visão distorcida de mim. Um deles, o mais cruel, foi ser molestada por um tio aos 5 anos de idade. Não tenho muitas memórias sobre como fiquei depois, mas sentia muita culpa e tinha medo de o meu corpo ser 'bonito' demais [...]. Menstruei com 10 anos, e meu corpo se tornou curvilíneo, com seios fartos muito cedo. Isso me apavorava. Percebo que até hoje não lido bem com as curvas, portanto ser mais gordinha as destrói e fico mais tranquila. Outro fator foi o meu pai. Eu e a minha mãe éramos muito parecidas, tanto de estrutura corporal quanto na fisionomia. Ele sempre fez comentários negativos por ela ser grande e desengonçada. [...] Se eu sem querer esbarrasse no copo na mesa de jantar, ele dizia 'Ah, só podia ser você mesmo!', 'Isso é do lado da sua mãe!'. Era uma busca incansável de aprovação e reconhecimento das minhas habilidades. Já que com o corpo não seria fácil, fui em busca de satisfazer as expectativas sendo uma boa menina, inteligente e perfeita. Aos 18, tive um relacionamento abusivo que me levou a tomar remédios tarja preta para me manter magra. O meu namorado dizia que, se eu ficasse gorda, ele me largaria, que ele estava me fazendo bem ao me forçar a me preocupar com o meu peso. [...] Começou meu efeito sanfona, e eu estava sempre me preocupando com o que o outro esperava de mim. Percebo que fui muito adaptativa para ser reconhecida e amada. [...] Minha autoestima está em construção, por isso acredito que as redes sociais, o reflexo da nossa sociedade, transmitem muita angústia, pois temos de tudo: corpos irreais, mas também muita gente na contramão, aceitando quem é. Sendo sincera, essas pessoas que se aceitam me incomodam muito mais. Acredito que pelo fato de eu ainda não conseguir o que hoje para elas já é natural: expor seus corpos gordinhos sem medo do julgamento e da avaliação do outro."

INÊS FERREIRA

34 anos
Shopper *na Amazon e produtora de conteúdo*
Nova York – Estados Unidos

"Sou uma mulher negra, cabelo 4C [o mais crespo dentro da escala de classificação da curvatura]. Nasci em 1987. Na infância, as minhas bonecas não se pareciam comigo, elas eram loiras. Na TV, eu via a Xuxa, a Angélica e a Mara Maravilha, mas não via quase ninguém parecida comigo. Sentia que tinha alguma coisa errada. Tudo ficou mais intenso quando entrei na escola. Comecei a ser xingada de nomes que eu nem conhecia. [...] Conclusão: eu não queria ir para a escola. Eu sofria, era traumático. Para tentar sobreviver nesse ambiente, tentei mudar. Com 8 anos, queimei minha boca para ver se os meus lábios ficavam menores. Até hoje eles têm uma cor diferente da natural por causa dessa automutilação. Aos 12, já tentava alisar meu cabelo com química. [...] Minha autoestima só foi se fortalecer quando comecei estudar minhas raízes. Quando eu conheci livros como *Mulheres, raça e classe*, da Angela Davis, pude ver que era possível a gente existir na literatura. Ver um preto como protagonista é motivador."

LUARA SKRZEK

28 anos
Youtuber
Bruxelas – Bélgica

“Graças ao apoio da minha família, eu não cheguei a ter transtornos alimentares ou problemas psicológicos mais sérios por causa da minha imagem. Mas usei vários artifícios para esconder ou mudar meu corpo. O que mais me afetou foi quando decidi me automedicar para ganhar peso. O remédio me deixava com muito sono nas aulas, e eu me forçava a comer até passar mal. [...] Em retrospectiva, eu acredito que sofri um tipo leve de *bullying*. Os comentários que recebi não eram na intenção de me manipular ou excluir, e eu nunca sofri violência física. Os colegas que me davam apelidos não eram os monstros que eu imaginava – aliás, eles com certeza tinham as próprias inseguranças com que lidar. Hoje procuro relativizar essas experiências, que revelam mais uma falta de empatia do que tentativas de me machucar. Mas por que, então, isso me deixou marcas tão profundas e duradouras? Por que eu escondi meu corpo por tantos anos e recorri até a remédios para engordar? O primeiro fator que me vem à mente é a sistêmica ‘cultura da beleza’, especialmente forte no Brasil e entre o gênero feminino. Quando todo o seu valor está associado à sua aparência, qualquer comentário é uma ameaça à sua identidade. [...] Como internamente eu acreditava ser ‘anormal’, todo e qualquer comentário, olhar ou atitude ao meu redor serviam para confirmar o que eu já pensava, ainda que, por vezes, aquilo não representasse a realidade. Por exemplo: isso me levou a não usar shorts ou saias por muitos anos, por ‘ter certeza’ de que o mundo inteiro estava me julgando – o que, na minha mente, poderia ser facilmente confirmado caso qualquer pedestre olhasse para mim. [...] Sentir-se amado é um desejo inerente ao ser humano e que, sem dúvidas, tem um impacto extremamente positivo na autoestima. A parte complicada é que, para sermos amados por alguém de forma saudável, primeiro precisamos nos amar. E isso não quer dizer se achar linda e bem-sucedida. É amar-se como você ama um amigo: por quem ele é.”

3

Mulher na mídia tradicional

"O conteúdo da notícia nada tinha de comprometedor; não era uma 'bomba' nem uma informação que mudaria a vida de alguém. Mas a mera combinação do nome da atriz com a palavra 'calcinha' provavelmente acessou o imaginário da pessoa que estava lendo o título, fazendo-a clicar na matéria."

Neste capítulo:

- Hipervalorização do corpo feminino
- Reforço de padrões e de estereótipos
- Hipersexualização
- *Body shaming*
- Paradoxos nos conteúdos voltados à mulher

Faz parte do *business*

Eu tinha 12 anos e mal pude acreditar quando meu pai chegou dizendo que ia me dar de presente a assinatura da revista *Capricho* por um ano. Acho que foi uma das coisas mais legais que eu já tinha ganhado até então! Eu adorava tudo naquela revista. Gostava dos assuntos que eram abordados, das entrevistas, das cores, da diagramação. E, claramente, eu queria me parecer com as meninas que ilustravam a capa e o recheio da publicação. As revistas femininas marcaram as mulheres da minha geração, assim como imagino que, na mesma proporção, YouTube, TikTok e Instagram marcarão a geração atual. Posso dizer que parte da minha vontade de ser jornalista nasceu ali, devorando a *Capricho*.

Anos mais tarde, concretizei esse sonho. Estava muito, muito feliz na editoria de vida e estilo de um grande portal de notícias e, apesar, de comprovar que o trabalho era bem mais árduo do que eu imaginava, eu realmente amava a maior parte das coisas que executava.

Só que me frustrei com algumas coisas. Por exemplo, a dinâmica da audiência, que demorei demais para entender. Eu não conseguia compreender por que eu tinha que escrever, ao longo do dia, mil notinhas diferentes, cada uma com dois ou três parágrafos, que eu classificava mentalmente como "inúteis para a sociedade". Coisas como "Fulana posta foto de biquíni e quebra a internet" ou "Beltrana se descuida e paga calcinha". Qualquer coisa (qualquer mesmo) atrelada à imagem feminina era digna de uma nota – ainda que nem sempre houvesse conteúdo suficiente para dois parágrafos. É claro que esse tipo de coisa atrai cliques, mas eu ficava chateada porque as matérias que realmente me exigiam pesquisa, com entrevistas complexas, não alcançavam nem metade dessa atenção dos leitores. No começo, eu também me questionava por que eu tinha de ir aos mais esdrúxulos eventos para arrancar entrevistas vazias de celebridades. Aos poucos (e depois de muito reclamar em pensamento nos táxis a caminho dessas pautas), eu finalmente entendi que aquilo fazia parte do *business*.

A engrenagem era esta: uma marca "x" ia fazer o lançamento de um produto qualquer. Se a pauta fosse o lançamento em si, não atrairia a imprensa, tampouco audiência. Mas, se essa marca convidasse uma famosa para fazer presença, o cenário mudava completamente. A imprensa em peso compareceria para capturar qualquer coisa que a pessoa viesse a falar. Como resultado, o público clicaria na notícia (e muito). Afinal, todo mundo precisa de um pouco de "amenidades" para manter a saúde mental em dia, não é mesmo? Ninguém aguenta só ler sobre trânsito, chuvas e alagamento, violência e corrupção o dia inteiro. Bingo! Todo mundo ganha. A empresa fica feliz porque atraiu visibilidade para sua marca e, em consequência, potenciais compradores do seu produto. O site, feliz porque ganhou audiência. A famosa, feliz com seu cachê e com a projeção da sua imagem. A audiência, feliz porque leu algo leve, que de certa forma aliviou o peso da realidade. E assim o ciclo da audiência se fecha.

Um pouco de bastidores

Lembro-me até hoje de um dia em que fui escalada para cobrir um lançamento de uma marca de *lingerie*. Estava um pouco brava porque a ação aconteceria bem no fim da tarde, horário de pico de trânsito em São Paulo. Para completar, ameaçava chover. O táxi que eu chamei demorou para chegar, porque eles sempre ficavam presos no finalzinho afunilado da avenida onde funcionava o portal. O evento prometia a presença de algumas famosas. Sendo assim, "a pauta vale", raciocinou a minha editora ao me designar para a tarefa. E ela tinha razão – muito embora, naquela época, eu não tivesse maturidade suficiente para entender que ela sabia o que estava dizendo.

Fui a primeira a chegar. Não havia repórter, nem famosa, nem público. Final de tarde com chuva em São Paulo é assim mesmo: um caos. Fui informada de que uma das celebridades confirmadas não ia conseguir chegar a tempo. "Caiu a pauta", pensei, "daqui não sai mais nada". Só que se passaram alguns minutinhos e chegou uma celebridade: uma atriz em destaque na época. Belíssima e supersorridente. Rapidamente, grudei nela e comecei com aquelas perguntas que todo jornalista de *lifestyle* costuma fazer: "De qual rotina de beleza você não abre mão?". "Você prefere um *skincare* de várias etapas ou algo mais minimalista?" "Você come de tudo? Tudo mesmo? Mentira! Como mantém esse corpão?" Como o evento era sobre *lingerie*, fui para esse assunto também. E lembro que, entre as frases, perguntei o que ela achava da famigerada calcinha bege, item que o senso comum classifica como pouco atraente. Ao que ela me responde "Tem horas que só calcinha bege salva", completando que não tinha problema algum com essa cor. E ainda arrematou dizendo que preferia uma calcinha confortável a fio-dental. Pronto: eu já tinha alguma coisa. Mesmo assim, voltei para redação meio sem esperanças de que aquilo ia render algo. No título, obviamente usei a combinação de palavras ideal: o nome da atriz e a palavra "calcinha". Já era tarde da noite, então a matéria ficou para o dia seguinte.

Quando cheguei à redação, pela manhã, lá estava ela na capa. E rendendo uma baita audiência. Ficou na *home* por horas e horas, dividindo espaço com pautas sérias que compunham o noticiário do dia. Não me lembro muito bem, mas com certeza, ao ver os números que aquela simples notinha estava dando, devo ter lamentado o tanto de tempo dedicado a outras reportagens, mais sérias, que não tiveram o mesmo destaque. A duras penas, entendi que, para um portal de notícias sobreviver, ele precisa desse equilíbrio.

E foi assim que aprendi a fazer um malabarismo nas sugestões que dava à minha editora. No dia a dia, continuava escrevendo sobre coisas que eu julgava pouco úteis para, dessa forma, contribuir para a audiência e garantir o meu emprego. Ao mesmo tempo, tentava emplacar uma ou duas matérias semanais mais encorpadas, com conteúdo um pouco mais aprofundado.

Não quero ficar criticando, aqui, o jornalismo de celebridades ou de *lifestyle*. Afinal, aquela menina de 12 anos virou jornalista exatamente por conta de uma revista desse segmento. Hoje entendo que as perguntas que eu fazia e as respostas que eu ouvia eram apenas peças de uma indústria muito maior. Acredito inclusive que aquela atriz, bem como suas colegas, além de cantoras e modelos que entrevistei, gostariam mesmo é de ter falado sobre sua obra, seus projetos em andamento, ou até de ter opinado sobre alguma outra pauta que não fosse ligada à sua imagem. Mas elas também entendem o *business* – como ninguém – e sabem que precisam responder a esse tipo de pergunta para se manterem na mídia. Por isso, respondem a tudo com um sorriso no rosto, mesmo que já tenham falado a mesma coisa um milhão de vezes, porque isso faz parte do trabalho delas. Muitas vezes, eu pensei em mudar as perguntas, mas, se eu voltasse para a redação sem esse tipo de resposta, provavelmente minha editora "me mataria". Porque é isso que traz audiência.

Todo mundo tem o direito de ler o que quiser, e por isso a *home* de um bom portal precisa ser democrática. Além disso, o ser humano é um bicho curioso, então às vezes a gente quer mesmo saber o que a Fulana come no café da manhã ou qual creme anti-idade recomenda. O problema mora na forma como interpretamos essas informações e quanto essas mensagens influenciam as nossas escolhas e a relação com os nossos próprios corpos.

Hipervalorização da imagem feminina

Perceba que o conteúdo da notícia nada tinha de comprometedor; não era uma "bomba" nem uma informação que mudaria a vida de alguém. Mas a mera combinação do nome da atriz com a palavra "calcinha" provavelmente acessou o imaginário da pessoa que estava lendo o título, fazendo-a clicar na matéria. Isso ilustra o quanto a imagem feminina ainda é explorada pela mídia como isca para atrair audiência e impulsionar o consumo de produtos. Os veículos de mídia dependem dos anunciantes para sobreviver. E, para conquistar esses anunciantes, precisam mostrar números. E mulher dá número até quando fala de calcinha bege (sim, aquela tida como pouco atraente).

As coisas melhoraram sensivelmente nos últimos anos, mas até muito pouco tempo atrás ver mulheres seminuas anunciando de tudo – de perfume a cerveja – era algo corriqueiro nas televisões brasileiras, do horário infantil ao nobre.

É importante estar alerta, porque todo esse bombardeio de conteúdo que vem da propaganda e dos veículos acaba também ditando o padrão vigente e até influenciando mudanças comportamentais e sociais. Isso nos afeta inclusive de forma indireta, especialmente no que diz respeito ao mundo da publicidade (Capitani, 2024). A exposição massiva de imagens de mulheres consideradas símbolos de beleza nos põe em constante estado de comparação. A propagação do ideal de "mulher perfeita" acaba dando aquele empurrãozinho para mergulharmos no lodo da insatisfação eterna. Passamos a acreditar que a nossa imagem é o nosso valor mais importante e que ter determinadas características físicas pavimenta o sucesso na vida.

Acredito que a mídia contribua para esse quadro a partir de cinco fatores: reforço dos padrões estéticos vigentes, reforço de estereótipos femininos, hipersexualização, estímulo ao consumismo e desinformação.

Reforço dos padrões estéticos vigentes

Pelos padrões que foram estabelecidos ao longo dos anos, uma pessoa bonita é preferencialmente branca, magra e jovem, muito embora essas três características, reunidas, estejam presentes em uma parcela bem pequena da nossa população. Nem me atrevo a entrar aqui na questão da falta de representatividade de mulheres lésbicas, trans, com deficiência, só para citar alguns exemplos de minorias. Mas tente se lembrar de quantas vezes você viu esses perfis sendo prestigiados nas mídias tradicionais. Geralmente, quando aparecem, é para falar sobre suas causas, como se suas vidas se resumissem a uma única esfera – no caso de lésbicas, à orientação sexual; no caso das trans, à identidade de gênero; no caso das mulheres com deficiência, aos desafios impostos. No que diz respeito ao padrão de beleza, infelizmente a diversificação não tem sido muito significativa nas últimas décadas, especialmente no quesito magreza. Como diz Renee Engeln:

> O ideal de beleza variou um pouco nos últimos anos em termos de características como tamanho dos seios, altura ou cor do cabelo. Mas a única constante é a magreza. Mesmo as mulheres que são tidas como exemplos de um corpo "curvilíneo" tipicamente ainda têm barrigas retas e nenhuma celulite visível. (Engeln, 2018, p. 95, tradução nossa)

E o negócio não é de hoje. Segundo a historiadora Denise Bernuzzi de Sant'Anna, o culto à magreza já era uma realidade na publicidade brasileira desde os anos 1920. Isso mesmo: cem anos atrás. "A magreza podia não ser apreciada por muitos brasileiros, mas, na propaganda impressa de cigarros, bebidas alcoólicas, automóveis e roupas, ela era associada ao estilo de vida de pessoas ricas, modernas e grã-finas" (Sant'Anna, 2014, p. 123).

A moda também contribui fortemente para esse cenário. Enquanto a mídia transmite mensagens sobre corpo, alimentação e tendências, a moda representa esses padrões por meio das modelos em desfiles e anúncios. Isso aumenta o nosso desejo de compra e engrossa os números da indústria têxtil, da beleza e da cirurgia plástica. O famoso ciclo sem fim. Além disso, é a moda que dita o que "fica bom" para certo tipo de corpo e o que não fica. Não é um mero acaso as modelos brasileiras que mais ganham destaque e repercussão internacional não representarem em nada as mulheres reais. Com quantas Giseles Bündchen você costuma esbarrar na rua diariamente? Pois é, quanto mais distante do "modelo" parecemos, maior a insatisfação, maior o lucro.

É por isso que a maioria das mulheres que se encaixam no padrão é reconhecida como bem-sucedida, poderosa e completa: aparentemente, elas representam tudo o que se espera de uma mulher "perfeita". Ficamos com a impressão de que só quem se encaixa nesse padrão é feliz, pois consegue ter os melhores empregos, amigos, experiências e parceiros amorosos. Porque é esse o único tipo de beleza que está em evidência.

Em um país onde as taxas de educação, trabalho e violência são tão desiguais entre pretos e brancos a representatividade é algo urgente (Pretos [...], 2019). A partir do momento que uma criança ou mesmo uma mulher adulta não se vê representada, fica mais difícil enxergar o próprio valor. E, assim, podem desistir de buscar cargos de liderança, brigar por maiores salários e almejar cargos políticos, por exemplo. Como diz a ativista Marian Wright Edelman, "é difícil ser o que você não pode ver" (Edelman, [s. *d*.]).

Reforço de estereótipos femininos

O que pauta a mídia são as nossas preferências: o que nós, enquanto leitores e espectadores, gostamos de ler, ver e consumir. Não é à toa que novelas com baixa audiência são encurtadas e séries com pouca repercussão não chegam à segunda temporada, apenas para citar alguns exemplos. Os *reality shows* também ilustram esse cenário. Quando o público não gosta de um participante, o elimina. É como se não quiséssemos mais conviver diariamente com aquele ser humano: não suportamos seu jeito de falar, suas manias, suas incoerências.

O mesmo pode ser aplicado à imagem das mulheres na mídia. As que "se atrevem" a mostrar uma aparência real, sem retoques, sem filtros, muitas vezes sofrem ataques e são ridicularizadas. Como se estivessem causando um grande desconforto pelo simples fato de mostrarem seus corpos como eles são na vida real.

O termo *body shaming* (algo como "ridicularizar o corpo") é utilizado para definir essa prática de julgar, comentar e depreciar o corpo alheio. Pode acontecer na vida real (como em piadinhas ou "conselhos" sobre o corpo da mulher) ou na internet, ocorrendo com muita frequência nas redes sociais e nos comentários de portais. São comuns notícias em que famosas foram criticadas por circular de biquíni e exibir celulites ou estrias. Algumas são questionadas se estão grávidas ao exibir uma mínima saliência na barriga. Diversas famosas já sofreram esse tipo de agressão: por estarem "muito gordas", ou "muito magras", ou com "muitas rugas". A ditadura da beleza pode ser tão opressora que faz com que algumas mulheres se sintam no direito de elas mesmas oprimirem outras mulheres.

Shonda Rhimes é uma roteirista e produtora norte-americana que coleciona sucessos. Tudo em que ela põe a mão vira ouro: *Grey's Anatomy*, *Scandal*, *How to Get Away with Murder* e *Bridgerton* são apenas algumas das obras que ela assina. Shonda não cai nos clichês e coloca todo tipo de mulher em destaque. Mulheres (brancas e negras) em posições de liderança; mulheres que não têm intenção de ter filhos; mulheres que superam todos os obstáculos para ter filhos; mulheres que são feitas de trouxa por homens; mulheres que fazem os homens de trouxa; mulheres lésbicas; mulheres que se descobrem lésbicas depois de adultas; mulheres que continuam profissionalmente ativas na terceira idade; mulheres que decidem começar a vida do zero; mulheres ambiciosas; mulheres com corpos reais. A vida real é assim, diversa. Mas o que vemos ao longo da história é o oposto disso: uma eterna repetição de estereótipos femininos que só servem para ampliar a sensação de inadequação.

Isso acontece porque grande parte do *behind the scenes*, ou seja, dos bastidores das obras de ficção é composta por homens. A presença de diretores, roteiristas, produtores e outros cargos que compõem essa engrenagem ainda é extensivamente masculina (Lauzen, 2022). Isso sem contar os gestores de grandes empresas que patrocinam essas produções. Não é difícil concluir que o que é feito é sob a ótica do homem. Imagine que em 1983, quando pela primeira vez a agência espacial norte-americana (Nasa) enviou uma mulher em uma de suas missões, Sally Ride, eles a questionaram se, para uma semana, 100 absorventes seriam suficientes. Cem. Absorventes (Periods [...], 2016). Esse é um exemplo extremo, mas que ilustra quão equivocado pode ser o ponto de vista de alguém que não conhece, na pele, as vivências e os conflitos femininos. Então, em vez de explorar mais a fundo esses conflitos – ou, o que seria melhor ainda, ter mais mulheres em cargos de liderança –, acaba ficando mais fácil repetir fórmulas já conhecidas, engraçadinhas e aceitas pelo público.

Quantos filmes você já viu de mulheres cujo único objetivo na vida era conseguir um homem que colocasse a aliança no seu dedo? Embora esse seja um propósito válido, seria mais aceitável não sermos reduzidas a isso. As mulheres personificam as características entendidas como "femininas": são delicadas, sonhadoras, emotivas, sensíveis e doces. Quando são ambiciosas, geralmente assumem o papel da megera e são representadas como frias e quase desumanas, como a própria Miranda Priestly (Meryl Streep), de *O diabo veste Prada*.

No que diz respeito à aparência física, a coisa piora um pouco. As atrizes acima dos 50 anos são invisibilizadas, perdendo papéis compatíveis à sua idade para mulheres mais jovens (White, 2021). Também existem casos de magras sendo "engordadas" com efeitos visuais para encarnar o papel de mulheres gordas (Berkowitz, 2018). Outro clichê é o da "transformação": a de "patinho feio" (com aparelho nos dentes, óculos e sobrepeso) para "gostosona", ou a da menina que se veste de maneira única e, ao ganhar um banho de loja, vira uma *pretty woman*. Mesmo em um filme visto apenas para entreter, vamos recebendo a mensagem de que o acontecimento mais marcante da vida de uma mulher é quando ela finalmente consegue entrar no padrão de beleza vigente. E a ficção, como constatamos, acaba transbordando para a vida real.

Hipersexualização

Apesar de termos ganhado certa independência nas últimas décadas, o mundo ainda é regido por homens. Parecer atraente é uma "obrigação" que nos é imposta desde muito cedo, ainda que de forma indireta. Afinal, assim seremos notadas e validadas. Nesse contexto, ao homem cabe o papel de escolher. A mulher fica com o papel de escolhida (se tiver sorte), da mesma forma que se escolhe um objeto qualquer. E objeto a gente usa, maltrata, substitui, joga fora. Os diversos tipos de agressão a que as mulheres estão sujeitas são, justamente, fruto dessa banalização (FBSP, *on-line*).

Culpabilizar a vítima é uma estratégia bem comum para justificar os abusos. Você já deve ter ouvido por aí o discurso de que algumas mulheres e meninas são violentadas porque "não se deram ao respeito"; por usarem uma roupa curta demais, por estarem alcoolizadas e toda sorte de "desculpas". Aqui é bom ressaltar que a culpa nunca é da vítima. Qualquer prática sexual sem consentimento é crime.

Existe uma permissividade muito grande com relação aos corpos femininos na nossa sociedade. O direito de comentar, tocar e violentar é banalizado. Esse tema é complexo e espinhoso porque, ao mesmo tempo que os meninos são estimulados a ser os machões e a conquistar o maior número de mulheres possível, as mulheres são ensinadas a "se fazerem de difícil". A conta não fecha, mas quem paga somos nós. O conceito de sexo consensual parece ter se tornado o maior mistério da humanidade, e, graças a esse conflito entre a mensagem que passamos com a nossa aparente "liberdade sexual", e a forma como os homens a interpretam, passamos a ter que tentar explicar o óbvio, a ponto de termos que lançar campanhas para deixar claro que "não é não".

Para atrair um homem, um bom casamento e uma vida perfeita de Instagram, tem que saber seduzir. Mas, também, é preciso "se comportar" direito. Seguimos então nessa linha tênue, tentando atrair a partir da beleza e da sensualidade, mas sem parecermos "fáceis demais".

Empoderamento: pra quem?

A palavra "empoderamento", especialmente na cultura pop, tem sido bastante associada ao poder de mostrar o corpo sem temer ser julgada. Parte das mulheres enxerga isso como uma conquista: é como se invertessem o papel com os homens.

O intuito de naturalizar a nudez feminina pode ser justamente uma tentativa de tirar o foco sexual que há nela para podermos ter mais liberdade ao exibir nossos corpos, sem que isso seja interpretado como uma insinuação ou como um convite ao sexo.

Por outro lado, existem mulheres que consideram a nudez como mais uma forma de submissão, afinal continuamos servindo ao olhar masculino exibindo as mesmas características que nos fizeram acreditar serem as "corretas" e "desejáveis" no imaginário coletivo. E, assim, seguimos reforçando os padrões.

O fato é que nudez não significa empoderamento para todas. Para mim é fácil dizer que sou empoderada, que no meu corpo sou eu quem manda. Tenho condições financeiras e psíquicas para me sustentar e, na infância, tive todas as minhas necessidades básicas supridas, acesso à educação e suporte emocional da minha família. Mas, para muitas meninas, por diversos motivos, falta essa base sólida. Então, acabam sendo pautadas pelos modelos externos e acreditando que a nossa maior medida de sucesso é, de fato, a bunda. Passam, muito cedo, a associar sexualidade ao poder. Essa superexposição é especialmente nociva para as crianças, que ainda não sabem se defender nem têm ferramentas psicológicas para compreender certos limites.

É comum vermos meninas, desde muito novinhas, performando sensualidade nas redes sociais. Essa erotização precoce pode trazer consequências pesadas, como analisa a professora norte-americana M. Gigi Durham, autora de um livro chamado *The Lolita Effect* ("Efeito Lolita"). Esse título faz alusão a outro livro, *Lolita*, de 1955, que retrata a obsessão de um professor de meia-idade por uma menina de 12 anos. Segundo Gigi Durham, o "efeito Lolita", que pode parecer superdivertido na mídia, atinge as meninas de formas diversas – prostituição precoce, falta de liberdade sexual, violência, distúrbios psicológicos e transtornos alimentares (Durham, 2008).

Estímulo ao consumismo

Maquiagem e *skincare* podem ser vistos como "futilidades", mas muitas vezes o que nos move em direção ao consumo de produtos que possam resolver nossos supostos "problemas" estéticos pode estar atrelado a um sentimento de culpa. Em 2022, o mercado da beleza no Brasil movimentou R$ 430 bilhões (Senac DN, 2024). Para chegarmos a esse ponto, foram anos de construção. Conforme conta a historiadora Denise Bernuzzi de Sant'Anna,

> a partir da década de 1950, segundo os conselhos de beleza e os anúncios publicitários, qualquer uma tinha o direito de se tornar bela, podendo vir a ser tão sedutora quanto as suas artistas prediletas. (Sant'Anna, 2014, p. 122)

A mensagem que nos é enviada é a de que a beleza se compra. E, muitas vezes, ela vem com o rótulo de "autocuidado", como se a mulher que não se esforçasse o suficiente para se encaixar fosse desleixada e preguiçosa. Até porque estamos o tempo todo sendo julgadas e validadas por nossa imagem. Se a mulher está muito arrumada, duvidam da sua capacidade intelectual. Se está com uma roupa considerada "insinuante", acusam-na de estar tentando obter vantagens a partir do seu poder de sedução. Se não se enfeita, no entanto, vai ter que lidar com questionamentos do tipo "Está tudo bem?", "Você parece cansada...".

Por isso, ainda que você não seja vaidosa, fica difícil não cair na armadilha da culpa. E fica mais difícil ainda não consumir produtos para amenizar essa culpa.

Desinformação

"Fulana exibe tanquinho um mês após dar à luz." Eu já li esse tipo de manchete umas mil vezes em capas de revistas e, apesar de nunca ter engravidado, sempre me perguntei: como deve ser para uma mãe "normal", essa que não exibe um tanquinho um mês após dar à luz, ler isso? Sempre me questionei se essa abordagem gera inspiração ("Se ela consegue, eu também consigo!") ou ainda mais frustração. Quando eu era criança, li uma entrevista da atriz Claudia Raia dizendo que, para manter o abdômen sarado, ela fazia 500 abdominais por dia. Quinhentos! Fiquei impressionada e bem preocupada, calculando se algum dia eu ia conseguir fazer algo perto disso para ter uma barriga parecida. Lembrando que Claudia Raia é, entre outras coisas, bailarina profissional, então ela tem uma disciplina rígida, algo bem distante da minha vida, até mesmo na época em que eu dançava. Esses são apenas alguns exemplos do turbilhão de falas sobre corpo, atividade física, alimentação e cuidados com a beleza que recebemos ao longo do dia pela mídia tradicional e pelas redes sociais (que serão abordadas no capítulo 4). Imagina a pressão que esse tipo de informação pode gerar.

De qualquer forma, o conteúdo voltado ao público feminino também presta um grande serviço. Michelle Perrot observa o papel ambíguo que as revistas femininas ocupam na vida das mulheres.

> Os patrocinadores procuram, principalmente, captar consumidoras potenciais, guiar seus gostos e suas compras. A indústria dos cosméticos, a das artes domésticas, visam, de início, às mulheres mais sofisticadas. [...] Mas algumas mulheres aproveitam-se dessas tribunas para desenvolver a emancipação das mulheres. Assim, Marcelle Auclair, em *Marie Claire*, responde de maneira bastante liberal ao "correio sentimental" e defende o direito à contracepção, dando a esse respeito os primeiros conselhos. Aí está toda a ambiguidade da imprensa feminina, presa de imagens e de condutas. (Perrot, 2007, p. 37)

Se não fossem a evolução dessas revistas, que depois migraram para o digital, e os programas de TV focados no público feminino, será que os noticiários estariam cobrindo com seriedade (e, sobretudo, com o espaço necessário) temas que são caros às mulheres, como prazer sexual, maternidade, aborto, equilíbrio entre trabalho e família, menopausa, oscilações hormonais, desafios profissionais? Ao mesmo tempo, é essa mesma mídia que "despeja" estilos de vida muitas vezes inalcançáveis. É um paradoxo. E as redes sociais, por sua vez, acabaram se tornando um canal ainda mais interessante para a propaganda de produtos ditos femininos. Mas será que elas oferecem em troca o conteúdo que as revistas ou a TV nos trazem?

Não são perguntas fáceis de responder. Assim como nem sempre é fácil identificar quando essas mesmas informações começam a nos fazer mal e a se tornar "desinformações", confundindo-nos e abalando a nossa autoestima. Não estou dizendo aqui que as famosas necessariamente mentem ao contar sobre suas rotinas de beleza. O que acontece é que elas não falam tudo. Nem teria como, em uma notinha de dois parágrafos que vai para a *home* de um site e some em cerca de duas horas, abordar tudo (mas tudo mesmo) que Fulana faz para manter a pele jovem, o "bumbum na nuca", a pele e o cabelo impecáveis. E essa forma superficial como as coisas são mostradas é uma enorme fonte de insatisfação corporal, porque fica parecendo que estamos sempre fazendo tudo errado, que não temos força de vontade suficiente nem disciplina. Ou seja, mais uma vez, a tal da culpa.

Experiências e relatos

LYV ZIESE

30 anos
Atriz e body activist
Rio de Janeiro – RJ

"Como atriz, não só já perdi oportunidades por conta do meu biotipo como também nem me foram dadas algumas. Nunca ouvi de fato 'Você precisa emagrecer'. Era mais como uma dica. 'Se você emagrecer, vai conseguir pegar protagonista, pegar vilã.' [...] E eu também já ouvi o contrário. Na última novela que eu fiz, uma das profissionais do figurino virou para mim e falou: 'Agora que você está na novela das nove, não vai emagrecer, porque você é uma representatividade!'. É o mesmo lugar de pressão em que estão as mulheres padrão. É uma violência psicológica de você estar o tempo inteiro ligada ao seu peso. A única protagonista que eu fiz foi em um filme que era sobre mulheres fora do padrão. Fazer uma personagem 'convencional', sem nada ligado com peso, foram raras as vezes."

JULIANA NEVES DUARTE

27 anos
Jornalista
Praia Grande – SP

"Comecei a usar *make* bem novinha, com meus 9, 10 anos, e como brincadeira. Naquela época, toda menina ganhava um estojinho de maquiagem em algum aniversário. [...] No auge da adolescência, tudo aconteceu simultaneamente para mim: usava mais maquiagem para cobrir as espinhas e criei um blog para compartilhar nos *posts*. [...] A quarentena [da pandemia] foi um divisor de águas. Antes, a minha maquiagem era basicamente a do Instagram: pele bem coberta, olhos fortes, batom *matte*. E não porque eu queria esconder algo, mas porque não questionava mais, só fazia o que via alguém fazendo. Então, com o isolamento, eu me peguei questionando os motivos. Para que eu vou fazer maquiagem se não posso sair? Para que eu vou ensinar alguém a fazer o delineado perfeito se está todo mundo em casa com medo da morte? Para que eu vou falar de um produto que vai incentivar alguém a sair para comprar? Isso tudo me deu uma crise existencial bem forte, e foi quando eu percebi que a minha maquiagem não era minha, era a da internet. Comecei a tirar uma coisa ali, colocar outra aqui, e fui me descobrindo até chegar na *make* que fazia sentido para mim e para o momento."

FABIANA SABA SUTTON

43 anos
Estudante e ex-modelo/apresentadora
Nova York – Estados Unidos

"Primeiro, me zoavam porque me achavam magrela. Depois, me pagavam porque me achavam bonita. Então, todo o meu valor estava atrelado ao meu externo. [...] Inclusive eu fiz uma campanha de um produto de rugas quando eu tinha 18 anos. Então, quando uma mulher na idade que tenho hoje, 43, olha uma menina de 18 anos falando sobre produto de rugas, ela vai comprar aquele produto esperando ficar com a cara de 18 anos, mas não vai ficar, porque não é real. Então, você nunca alcança. [...] Depois da minha gravidez, eu engordei. E as pessoas comentaram muito. No começo, o pessoal da moda falava 'Ah, mas o seu rosto é tão bonito, como é que você pôde deixar isso acontecer?', aqueles comentários bem microagressivos. Falavam que o meu marido ia me largar, porque ele tinha casado com uma modelo bonita e agora estava com uma mulher 'bucho'. [...] Acho que as redes sociais têm um impacto muito grande nesse sentido, para todas nós mulheres, especialmente em jovens. Por exemplo, como mãe eu me pergunto: 'Será que eu não sou a mãe perfeita?'. Tem que estar lá linda, com a criança arrumada, de laço, tudo lindo, e eu pensando: 'Gente, minhas crianças não ficam assim, não!'. A gente sente essa pressão. Eu acho que tínhamos que exigir responsabilidade das blogueiras e *influencers*. Não tá errado a pessoa fazer uma cirurgia ou pôr um filtro, o errado é não avisar. [...] O maior descuido que a gente pode ter com o corpo é ter raiva dele. 'Se amar' não é olhar para o espelho e falar 'Nossa, que linda, eu tô uma gostosa!', não, é saber a importância daquele corpo para você e tudo o que ele significa. E cuidar dele do jeito que dá para você. Cada pessoa está em um momento."

4

Redes sociais e autoimagem

"A falsa franqueza é o que torna a mídia social – mais do que qualquer outro tipo de mídia – um campo minado para nossa autoestima."

Neste capítulo:

- Beleza real × beleza virtual
- O ciclo da comparação
- *Influencers* mirins e adolescentes
- Desinformação nas redes

Um grande *reality show*, 24 horas por dia

Em 2003, a atriz Kate Winslet, então com 28 anos, estampou a capa da revista GQ. Na ocasião, a imagem dela foi tão, mas tão tratada, que a própria chegou a reclamar que o retoque havia sido excessivo. "Eu não me pareço com isso e, mais importante, não quero parecer" (Retouching [...], 2003). Os exageros voltaram a acontecer diversas vezes, como na capa de novembro de 2013 da *Vogue* (Stevens, 2013). Kate é uma das artistas que falam abertamente sobre a beleza irreal imposta por Hollywood. Nos últimos anos, várias outras abraçaram a causa e ajudaram a ampliar essa noção de que as imagens que vemos na TV e nas revistas não são verdadeiras.

Agora, diferentemente da mídia tradicional, diante da qual já desenvolvemos certa malícia para entender todo o preparo que existe por trás de uma foto ou um vídeo, as redes sociais parecem dar uma "bugada" no nosso cérebro. Em uma rápida olhada entre centenas de rostos e corpos que vemos ao longo do dia, fica difícil imaginar os bastidores. O que registramos, geralmente, é só o resultado de um trabalho maior de manutenção dessa imagem. Isso sem falar dos filtros, cada vez mais sofisticados. Resultado: a sensação que temos, ao ver as famosas tomando seu *shot* de limão pela manhã, é a de que elas já acordam impecáveis.

Redes como Facebook, Instagram e TikTok, que são predominantemente voltadas para fotos e vídeos, nos aproximaram demais das celebridades. É lá que elas aparecem sem *make*, acordando, treinando, comendo, pintando o cabelo. É como se estivéssemos observando um grande *reality show* 24 horas por dia. E essas cenas cotidianas nos fazem pensar que elas são "gente como a gente". A escritora Anuschka Rees, em seu livro *Beyond Beautiful* ("Além da beleza"), observou que "a falsa franqueza é o que torna a mídia social – mais do que qualquer outro tipo de mídia – um campo minado para nossa autoestima" (Rees, 2019, p. 131, tradução nossa).

Apesar de já sabermos que são vários os fatores que as ajudam a manter a pele, os cabelos, as unhas e o corpo irrepreensíveis, a naturalidade com a qual os tratamentos estéticos, as rotinas de beleza e até os procedimentos cirúrgicos são abordados por lá nos traz a ilusão de que tudo é fácil, espontâneo e, sobretudo, alcançável. As redes sociais amplificaram exponencialmente nossas oportunidades de comparação, porque hoje podemos acompanhar de perto a vida de qualquer um – seja a da estrela do momento, seja a daquela menina que foi sua coleguinha da escola.

A grama do vizinho

Não podemos deixar de considerar também a influência que pessoas absolutamente comuns exercem sobre nós nas redes sociais. Em 1954, o psicólogo norte-americano Leon Festinger lançou a Teoria da Comparação Social, que discorre sobre essa noção de que as pessoas estão em constante avaliação de si mesmas tendo o outro como parâmetro (APA, *on-line*). E, mais do que isso, medem o seu próprio valor de acordo com as conquistas e os fracassos de seus semelhantes. Embora alguns estudos demonstrem que o ato de se comparar possa vir a ser um motor para mudanças positivas na vida, o contrário também pode acontecer.

No livro *Status Anxiety* (publicado no Brasil com o título *Desejo de status*), o escritor suíço Alain de Botton fala bastante sobre o quanto a comparação pode comprometer nossa qualidade de vida. "Podemos ser felizes com pouco quando passamos a esperar pouco. E podemos ser infelizes com muito quando aprendemos a esperar tudo" (De Botton, 2004, p. 65). Ele explica que tudo depende, digamos, do nosso "material" de comparação. Acho interessante essa reflexão.

> Se somos feitos para viver em uma cabana insalubre e vulnerável ao vento, nos curvamos ao governo severo de um aristocrata que mora num castelo grande e bem aquecido mas observamos que todos os nossos iguais vivem como nós, então nossa situação parecerá normal; lamentável, certamente, mas não um terreno fértil para a inveja. Se temos uma casa de campo e um emprego agradável, mas tomamos conhecimento, pelo comparecimento imprudente a um encontro de ex-alunos, que alguns de nossos velhos amigos (não existe grupo de referência mais forte) agora vivem em casas maiores que a nossa, compradas com a renda de cargos mais atraentes, provavelmente voltaremos para casa nutrindo um violento sentimento de infelicidade. (De Botton, 2004, p. 48)

No âmbito da imagem corporal, esse tipo de comparação pode extrapolar para várias esferas da vida e gerar questionamentos diversos, além de baixa autoestima e autodepreciação. Imagine que você tenha uma colega de trabalho com idade e condições de vida muito semelhantes às suas. Você está lutando para perder peso, mas por diversos motivos não está conseguindo. Ela, por outro lado, está feliz com o próprio corpo, com a autoestima lá em cima, e parece conseguir manter uma rotina de atividade física e alimentação saudável. Ah, claro, ela posta essa rotina no Instagram. Pode ser que, a partir de uma simples foto, você comece a se perguntar: "Será que estou me esforçando o suficiente?". Ou, ainda, ter pensamentos de culpa: "Não emagreço porque eu como 'tudo errado'", "Sou uma preguiçosa". Para piorar, por anos fomos vivendo sob o paradigma de que mulheres são rivais, então esse tipo de pensamento pode acabar ocupando um espaço bem grande na mente.

Em 2020, um estudo conduzido pelo Body Body & Media Lab, da Northwestern University, observou o comportamento de trezentas universitárias (Engeln *et al.*, 2020). Elas receberam um iPad e foram divididas em três grupos. Em um deles, as participantes passaram 7 minutos olhando o Instagram; no outro, Facebook; e, no terceiro, brincando no Bejeweled, um joguinho similar ao Candy Crush. Segundo os pesquisadores, o Instagram foi a experiência mais nociva em termos de imagem corporal. Uma das hipóteses é de que, nesse aplicativo, as mulheres passaram mais tempo vendo imagens que continham pessoas. No grupo que ficou no Facebook, elas viram fotos sem pessoas, leram e fizeram comentários em *posts*. Ao final do experimento, além de relatarem maior insatisfação corporal, as participantes do grupo do Instagram também registraram significativa queda de humor. Agora imagine: estamos falando de 7 minutos. Quantos minutos por dia você se expõe às "vidas perfeitas" postadas nas redes sociais?

O psicólogo norte-americano Jonathan Haidt, que é uma referência nos estudos atuais sobre o impacto do uso do celular na saúde mental de crianças e adolescentes, lista uma série de motivos pelos quais as redes sociais são ainda mais nocivas para as meninas do que para os meninos. Em seu mais recente livro, ele afirma que as meninas são mais afetadas pela comparação social visual e pelo perfeccionismo.

> Adolescentes são particularmente vulneráveis à insegurança porque seus corpos e suas vidas sociais estão mudando muito rapidamente à medida que deixam a infância. [...] Quase todos os adolescentes se importam com sua aparência, especialmente quando começam a desenvolver interesses românticos. Todos sabem que serão escolhidos ou preteridos com base, em parte, em sua aparência. Mas, para meninas adolescentes, os riscos são maiores porque a posição social de uma menina geralmente está mais intimamente ligada à sua beleza e ao apelo sexual do que no caso dos meninos. Comparadas com os meninos, quando as meninas vão para as mídias sociais, elas são submetidas a julgamentos mais severos e constantes sobre sua aparência e seus corpos, e são confrontadas com padrões de beleza que estão ainda mais fora de alcance. (Haidt, 2024, p. 153-154, tradução nossa)

Olhar para a grama do vizinho e a achar sempre mais verdinha é algo absolutamente humano. A questão pode ser a quantidade de vizinhos à qual estamos nos expondo atualmente.

Bonita na *selfie*

Outro fenômeno que tem chamado a atenção dos especialistas é o distanciamento que as redes sociais criam entre a imagem real e a imagem nas redes sociais. É como se estivéssemos criando camadas e camadas de embelezamento nas fotos que postamos. Filtros podem ser divertidíssimos, mas o uso excessivo faz com que as pessoas se reconheçam cada vez menos no espelho – especialmente, meninas adolescentes, que estão em fase de transformação corporal e mais vulneráveis em termos emocionais.

> Quanto mais você vê uma versão de si mesmo que não existe de verdade, quanto mais estranha a mulher no espelho se pareça, menos satisfeita você ficará com ela. Porque agora você não está simplesmente se comparando a modelos ou colegas. Você está se engajando em uma forma particularmente devastadora de comparação: seu eu real *versus* seu eu criado. (Engeln, 2018, p. 180, tradução nossa)

E esse estranhamento começa cada vez mais cedo. Em levantamento realizado pelo projeto Dove Autoestima, 80% das meninas de 13 anos de idade já tinham manipulado sua imagem *on-line* a fim de parecer o que, para elas, significava estar mais bonita (Dove Self-Esteem Project, *on-line*). Outro dado notável: em média, elas tiravam até 14 *selfies* para conseguir escolher "a boa" para postar. Embora a maioria desses aplicativos tenha um limite de idade que teoricamente proíba crianças de os acessarem, são facilmente burláveis.

No minidocumentário *Kid Influencers*, exibido pela CBS News em 2019, é possível acompanhar a vida de algumas crianças que fazem muito sucesso nos Estados Unidos com suas contas no Instagram e no YouTube. Os números são estrondosos, tanto em seguidores quanto em dólares. Uma das mães diz que, ao postar uma foto das filhas, as gêmeas Taytum e Oakley Fisher (@taytumandoakley), chega a receber 5 mil *likes* em apenas 1 minuto. Ela também relata que em um só vídeo no YouTube conseguem faturar o que muitas pessoas ganham em um ano de trabalho. A atuação de crianças nas redes ainda orbita uma zona cinzenta. É muito abstrata a linha que separa o puro e simples entretenimento do que poderia ser configurado como trabalho infantil.

Os youtubers e *influencers* mirins seriam, então, comparáveis às crianças que atuam em filmes, novelas e comerciais de TV? Karen North, especialista em mídias sociais e psicologia da escola de jornalismo e comunicação da University of Southern California, destaca nesse mesmo documentário a diferença entre as duas categorias. Ela explica que, diferentemente do grupo dos atores, cujos integrantes têm horários marcados para gravar as cenas e se preparam para "fingir" ser outra pessoa no *set*, os *influencers* fazem *performances* de si mesmos. E não têm hora marcada para isso – absolutamente qualquer coisa pode virar conteúdo para a rede social. Um argumento bastante utilizado nesses casos, especialmente entre mães e pais que cuidam das contas dessas crianças, é o de que gravar vídeos e fazer *unboxing* (abrir caixas de compras ou presentes), dancinhas e fotos também são momentos lúdicos e divertidos para os filhos. Não discordo, mas penso que, principalmente para as meninas, a presença *on-line* pode adicionar uma outra camada da vida em que se veem pressionadas a seguir padrões de beleza e de comportamento. Afinal de contas, as mini-*influencers* são vistas como modelos de tudo o que é bonito, o que está na moda, o que é legal e descolado. Dessa forma, contribuem para estimular, nas suas seguidoras, o desejo de compra e a necessidade de objetos, brinquedos, roupas, maquiagem. Usam com naturalidade expressões como "cupom de desconto" e "recebidos" (mimos vindos de seguidores e empresas), coisas que até muito pouco tempo atrás não faziam parte do universo infantil.

Assim, a cultura da "blogueirinha" se torna, cada vez mais, um estilo de vida desejado. Não há problema algum em aspirar a esse tipo de profissão, mas, neste livro, proponho analisarmos o impacto que o culto à imagem exerce na autoestima de meninas e mulheres. Então, é bom lembrar que, junto da imagem lúdica, divertida e fofa, muitas vezes vem também uma adultização no modo de posar para fotos (fazendo "carão"), de se arrumar e de se portar. Fora a superexposição, os riscos inerentes à internet, as críticas e a busca pela aprovação por meio dos *likes*.

Acho importante também notar o simbolismo envolvido. Por que queremos apresentar perfeição nas redes? Se isso mexe com a nossa cabeça, imagina com a de uma criança. Por que parecer bonita na *selfie* (ou, minimamente, sentir-se parecida com todas as outras) é algo tão amplamente desejado? Lindsay e Lexie Kite, gêmeas idênticas que são coautoras do livro *More Than a Body: Your Body Is an Instrument, Not an Ornament* ("Mais do que um corpo: seu corpo é um instrumento, não um ornamento") e codiretoras da organização não governamental Beauty Redefined, usam o termo "*selfie*-objetificação" para explicar isso. Em seu livro *Beyond Beautiful* ("Além da beleza"), Anuschka Rees cita as especialistas Lindsay e Lexie Kite, que afirmam:

> [*Selfies*] são um reflexo claro do que exatamente as meninas e mulheres aprenderam a ser durante toda a vida: imagens a serem observadas. Imagens de seres humanos posadas, estilizadas e editadas cuidadosamente para que os outros contemplem e comentem. (Rees, 2019, p. 133, tradução nossa)

Não quero dizer que as redes sociais são usadas única e exclusivamente como meio de autoafirmação. Mas sem dúvida elas ajudam a propagar a ideia do que é aceito e do que é rejeitado. Se antes tínhamos esse tipo de confronto na vida real, hoje somos medidas por curtidas e comentários *on-line*.

Não é à toa que as *trends* se espalham tão rápido e, mais uma vez, reforçam padrões – os de beleza e os de comportamento. É como se fosse mais seguro fazer o que todo mundo está fazendo para, assim, evitar ao máximo a rejeição. Lutar por uma beleza "padrão" pode até ser uma forma de defesa, de tentar se adequar e de se proteger de ataques ou opiniões não solicitadas sobre a aparência.

Parece familiar, então gosto!

Como as redes sociais passaram a ocupar um lugar muito grande na vida das pessoas nos últimos anos, o que é visto por lá acaba tendo reflexos também em mudanças sociais e comportamentais. Ganhamos, com essas plataformas, mais um espaço em que somos bombardeadas majoritariamente pela beleza padrão. Logo, o que é real acaba ficando cada vez mais distante desse ideal. E isso tem tudo a ver com a presença e a repetição do mesmo tipo de imagem.

Em 1968, o psicólogo Robert Zajonc formulou o Efeito da Mera Exposição, que diz que o ser humano tende a preferir e apreciar alguma coisa conforme é mais exposto a ela (APA, *on-line*). Ou seja, o nosso cérebro gosta mais de tudo o que nos parece familiar, porque, dessa forma, ele gasta menos energia; não tem tanto trabalho para processar e compreender. Então, convido você a pensar sobre a sua *timeline*: que tipo de estímulo você vê por lá? Corpos gordos ou magros? Brancos ou pretos? Com espinhas, cicatrizes e manchas ou sem? Cabelos lisos ou crespos? *Looks* matadores (até mesmo os de academia) ou *looks* do dia a dia? Pois é. Quanto mais uma pessoa se encaixa no padrão de beleza vigente, mais reconhecemos aquilo como "familiar". E mais *likes* ela ganha. No final das contas, esse ideal de perfeição é construído por nós mesmas a partir das nossas preferências ou, ainda, pelo que elegemos como "valor".

No livro *Why Social Media is Ruining Your Life* ("Por que a mídia social está arruinando sua vida"), a jornalista britânica Katherine Ormerod usa como exemplo o abacate. Antigamente, ele era só uma fruta, certo? Na era do Instagram, por algum motivo passou a ser interpretado como símbolo de *status*. Parece estar sempre no prato de pessoas consideradas saudáveis, que gostam de cafés da manhã deliciosos e demorados, geralmente em lugares sofisticados e fotogênicos. O mesmo acontece com viagens, ela observa. A autora cita uma pesquisa segundo a qual, entre a geração dos *millenials* (os nascidos entre 1981 e 1996), o fator mais importante na hora de decidir um destino é o quão "instagramável" o lugar é (Hosie, 2017).

> Tendências como abacate fatiado com torrada ou fotos idênticas para turistas continuam a receber um engajamento alto – gostamos delas porque já as conhecemos. [...] O problema é que todas as fotos ficaram idênticas: destino turístico icônico ao fundo, mulher de costas para a câmera com um lindo vestido [...], segurando um chapéu de palha. Quando você viaja para qualquer lugar pitoresco do mundo hoje, você encontra filas de mulheres tentando recriar as mesmas imagens. Mesmo que você nunca tenha ido à Itália, você já viu essa foto antes; você sabe disso, então provavelmente vai gostar. [...] Criar esse tipo de conteúdo sem alma não só faz você se sentir mal; pode destruir completamente a sua autoestima e o senso de quem você é. (Ormerod, 2018, p. 41-43, tradução nossa)

Em suma, ganhar *likes* pode até ser gostoso e trazer uma alegria momentânea, mas o preço que se paga por tentar se adequar pode ser alto, além de mentalmente exaustivo.

Desinformação: olha ela aqui outra vez

No livro *Beauty Sick* ("Doença da beleza"), Renee Engeln cita diversos estudos que associam o maior uso de redes sociais a níveis mais altos de comparação social, internalização do ideal de beleza magro, sintomas de depressão, auto-objetificação, propensão a transtornos alimentares, vontade de fazer cirurgia plástica e maior investimento na aparência.

Da mesma forma, Jonathan Haidt explica a influência dos algoritmos no comportamento digital e os reflexos à saúde mental.

> Os algoritmos das mídias sociais se concentram (e amplificam) nos desejos das meninas de serem bonitas de maneiras socialmente prescritas, que incluem ser magras. O Instagram e o TikTok enviam a elas imagens de mulheres muito magras se elas demonstram algum interesse em perda de peso, beleza ou até mesmo alimentação saudável. Pesquisadores do Center for Countering Digital Hate criaram uma dúzia de contas falsas no TikTok, registradas para meninas de 13 anos, e descobriram que o algoritmo do TikTok lhes serviu dezenas de milhares de vídeos de perda de peso poucas semanas após entrarem na plataforma. Os vídeos incluíam mulheres jovens incentivando seus seguidores a experimentar dietas extremas. [...] os pesquisadores notaram que "a comparação social é pior" no Instagram do que em aplicativos rivais. Os filtros do Snapchat "mantêm o foco no rosto", enquanto o Instagram "se concentra fortemente no corpo e no estilo de vida". (Haidt, 2024, p. 157-158, tradução nossa)

Não há critérios para definir o que é compartilhado por lá; então, conselhos sobre alimentação, atividade física, pele, cabelo e saúde feminina podem ser distribuídos como verdades absolutas. Muitos podem até ser inofensivos. Mas nas redes sociais não existe mediador; não há um profissional que filtre o que foi dito e acrescente *links* para mais informações, dados de pesquisas e entrevistas com especialistas, como fazem os jornalistas sérios. Qualquer um pode abrir a câmera e sair falando o que quiser.

Diga-se de passagem: isso é ótimo sob o ponto de vista da democratização da informação. Mas ainda não tivemos tempo suficiente para aprender a lidar com esse excesso de dicas e orientações que são oferecidas 24 horas por dia e, assim, acabamos ainda mais perdidas. É sempre bom lembrar que cada corpo é único, tem uma história, uma genética, uma combinação de milhares de fatores que não cabem em uma legenda de Instagram.

Muitas vezes, o que parece uma dica de bem-estar engraçadinha e bem-intencionada pode acabar atrapalhando a saúde do corpo, a da mente e a do bolso.

Inspiração, e não comparação

Durante uma conversa entre um jovem e um filósofo contada no livro *A coragem de não agradar*, o mais velho diz: "O sentimento de inferioridade saudável não nasce da comparação com os outros, mas com nosso próprio 'eu' ideal" (Kishimi; Koga, 2018, p. 73). É uma maneira menos óbvia de dizer que a única comparação que vale nesta vida é a de você com você mesma. Parece fácil na teoria, mas, na prática, o buraco é mais embaixo.

As redes sociais nos colocam em um estado constante de questionamento, e passamos a nos perguntar mais se estamos comendo, nos relacionando, malhando e socializando do jeito "certo". Não quer dizer que na vida real isso não aconteça, e tenho até uma história pessoal sobre isso. Digamos que considerei esse episódio um dos *cases* de sucesso do meu processo de terapia.

Certa vez, eu trabalhava em um lugar onde a produtividade era algo muito valorizado. Eu "me matava" de trabalhar, mas sempre terminava o dia frustrada comigo mesma. Por mais que eu tivesse dado os meus 100%, nunca estava feliz com o meu desempenho. Conversei com a minha terapeuta (cujo nome não mencionarei, por razões éticas) que isso estava me incomodando muito, porque eu percebia que uma colega entregava o dobro e parecia nem fazer muito esforço para isso. A primeira pergunta que ela me fez (e que eu não havia feito a mim mesma) foi: "A sua chefe já reclamou do seu rendimento?". De fato, não, ela nunca tinha reclamado, pelo contrário, demonstrava gostar bastante do meu trabalho. Então, ela me disse para eu pensar no Ayrton Senna. "Você acha que ele olhava para o lado, mesmo que por um milésimo de segundo, para saber em que posição seus concorrentes estavam? Não, ele só olhava para a frente, só olhava para o próprio tempo, por isso se tornou um campeão." Fez sentido para mim. E, a partir daquele dia, eu não gastei mais meu tempo tentando descobrir sobre a entrega da minha colega; foquei só em mim. Meu rendimento melhorou, e meus dias passaram a ser bem menos tensos. Parece uma metáfora bobinha, mas me ajudou muito e era tudo o que eu precisava ouvir naquele momento.

Segundo Alain de Botton,

nossa mente é suscetível à influência de vozes externas que nos dizem que desejos devem ser satisfeitos, vozes que podem abafar os sons fracos emitidos pela nossa alma e podem nos distrair da tarefa delicada e árdua de identificar corretamente nossas prioridades. (De Botton, 2004, p. 199)

Ou seja, De Botton fala da nossa incapacidade de olhar para dentro e tentar decifrar o que realmente queremos da vida e, ao mesmo tempo, da capacidade de olharmos para fora e criar uma régua de comparação baseada nos sucessos e insucessos alheios, e não nos nossos. Isso é uma grande roubada, porque nos coloca em estado de frustração. Geralmente, nos comparamos com quem achamos que está melhor do que nós, nunca pior: quem tem a melhor casa, o melhor corpo, o melhor trabalho.

Claro que não é tão simples sair do ciclo da comparação. Mas, talvez, um bom começo seja compreender que esse hábito pode dar origem a muito sofrimento psíquico e a comportamentos nocivos. Um deles é o hábito de se autojulgar com muita frequência e, ao mesmo tempo, de julgar os outros com essa mesma intensidade. Temos a tendência de reparar, nas outras, justamente o que incomoda em nós mesmas. Ainda mais quando se trata de imagem corporal. "Tudo aquilo que mais nos incomoda mais é percebido no outro. Seja físico ou não", afirmou minha terapeuta.

A psicanalista Gabriela Malzyner, mestre em psicologia clínica, coordenadora do núcleo de infância e adolescência do Centro de Estudos Psicanalíticos (CEP) e membro da Academy of Eating Disorders, reforça essa ideia:

Qualquer elemento que esteja fixado na mente e que se torne uma preocupação faz com que eu repare excessivamente em

> mim e no outro. Não necessariamente para que eu julgue o outro como adequado ou inadequado, mas é algo que mantém o foco da minha atenção justamente pela rigidez do pensamento e pela fixação que está embutida. Se estou grávida, começo a ver muito mais mulheres grávidas. Porque é algo em que eu reparo, é uma preocupação que eu tenho. (Malzyner, 2021)

O problema é que quem mais julga também é quem se sente mais julgado. Assim, cria-se um ciclo vicioso. Digamos que você se incomode com uma gordura que se instalou na parte de baixo da sua barriga. Você detesta essa parte do seu corpo e faz de tudo para disfarçá-la. Naturalmente, vai reparar nisso nas outras pessoas – ou, até mesmo, na ausência disso. "Nossa, que bênção seria não ter 'pochete' como a Fulana. Ela deve ser feliz por não ter que se preocupar." Ou o contrário: "Nossa, a Fulana não tem noção mesmo. Como é que consegue colocar um biquíni com essa 'pochete' aparecendo?". O monitoramento está tão presente na sua mente que, de forma automática, você passa a achar que as pessoas à sua volta pensam da mesma forma. Então, por mais que você se arrume, esconda, disfarce, você vai a uma festa linda e maravilhosa e, ainda assim, no fundinho da sua mente, pensa: "Será que as pessoas estão reparando na minha 'pochete'?".

Entende como é desgastante viver assim? É uma perda de tempo e de energia. As pessoas não reparam tanto assim umas nas outras. E quem consegue parar de caçar defeitos em si ou nos outros e se livrar dessa obsessão por uma imagem corporal perfeita provavelmente passa a valorizar outras coisas que importam bem mais, como um bom papo, senso de humor, bondade, inteligência, habilidade para contar boas histórias, capacidade de ouvir, companheirismo, e por aí vai.

O fato é que provavelmente não vamos conseguir passar por esta vida sem nos compararmos em alguns momentos, porque, de acordo com a psicanalista Gabriela Vargas, crescemos a partir da identificação com o outro.

> É natural que, por exemplo, na adolescência, façamos parte de grupos que têm os mesmos gostos e ideias que nós e que nos afastemos dos nossos pais para criar nossas próprias formas de viver e enxergar o mundo, mas isso nunca é sem as outras pessoas. Esse processo segue ao longo da vida, e a comparação inevitavelmente aparece, de maneira mais ou menos intensa, de acordo com as vivências, com a autoestima e com a segurança que a pessoa tem sobre si. O importante é pensar que as comparações são todas imaginárias, tendo em vista que nunca existirão duas pessoas iguais, por mais aspectos parecidos que tenham entre si. (Vargas, 2021)

Talvez a medida do equilíbrio seja usar o hábito a seu favor, no sentido da inspiração, e não no do julgamento ou da inferiorização de você mesma. Eu, por exemplo, evito me comparar com mulheres que têm o biotipo muito distante do meu, como as modelos de passarela: eu não sou alta e magra daquele jeito. E nunca vou ser! Mas há algumas que eu acho bonitas e que têm uma distribuição corporal parecida com a minha. Então, por que não admirar e me inspirar? Ao mesmo tempo, é importante treinar o olhar para a diversidade. Seguir perfis de pessoas diversas, seja do ponto de vista da aparência, seja do estilo de vida, é uma recomendação unânime entre todos os especialistas que eu ouvi e livros que li sobre essa temática.

> Essa é uma forma de aumentar a nossa visão e a nossa realidade sobre o mundo. Os perfis que você segue se parecem? Dizem a mesma mensagem? Trazem os mesmos conteúdos? Sempre falo que precisamos pensar sobre a nossa rede social como a

> nossa casa: quem colocamos lá dentro? Perfis de pessoas que geram comparação, sofrimento psíquico a partir de estilos de vida irreais e que geram uma autocobrança extrema? Ou perfis que nos fazem sentir bem, que geram reflexão e trocas saudáveis? (Vargas, 2021)

Na sua casa só entra quem você permite. Por que não fazer o mesmo com as suas redes sociais?

Influencers *da vida real*

Todos os papéis são importantes na sociedade, então meu convite aqui é para tentarmos desconstruir de uma vez por todas essa ideia de perfeição imposta pelas redes sociais.

A filósofa italiana Silvia Federici defende que quem carrega a economia global nas costas é a dona de casa, e não os ricos diretores de empresa. Há muitos anos, ela luta para que o trabalho doméstico seja remunerado (Brandalise, 2021). Ser mãe é um trabalho e tanto. Ser dona de casa, também. Assim como ser executiva, médica, bailarina, professora, cabeleireira. Proponho tentarmos ocupar nossa mente com trocas e experiências mais reais, porque isso pode nos ajudar a sermos mais gentis com nós mesmas. Tentar nos inspirar mais na esfera real, e não só na digital.

Não se trata de abrir mão das redes sociais, pois elas podem ter um grande lado positivo quando usadas de forma consciente. Mas é preciso resgatar a admiração por mulheres de carne e osso, as guerreiras da vida real. Todos os papéis são importantes na sociedade, não só os que estão expostos na mídia. Vamos repaginar essa ideia de "supermulher". Apesar de a tecnologia ter avançado tanto, a saúde da nossa mente ainda depende de contato humano. E isso é maravilhoso.

Experiências e relatos

THAÍS LEIVAS PINHEIRO

23 anos
UX designer
Pelotas – RS

"Nunca tive o hábito de retocar minhas fotos digitalmente para remover 'imperfeições' e postava fotos como qualquer pessoa. No entanto, quando tive uma nova crise de acne após parar o anticoncepcional por escolha, minha relação com minha pele mudou muito, e eu tive que reaprender a me enxergar e me reconhecer em uma pele... livre: acneica, com uma série de imperfeições e marcas que fui adquirindo. No começo, fotografei a evolução diária do tratamento que fiz com antibióticos para conter a acne e compartilhei; depois, com a retomada das lesões, senti minha relação com minha aparência ficar abalada e comecei a procurar por pessoas que se parecessem comigo no Instagram. Acabei descobrindo uma comunidade nascendo, comecei a comentar sobre o assunto e não parei mais. Quando percebi que eu me comparava com as mulheres 'dentro do padrão', distribuí alguns *unfollows* e passei a seguir outras pessoas – isso mudou muito minha relação com essa rede. De certo modo, aquilo afetava minha visão de mundo como um todo. Notei que minhas referências de moda, maquiagem e beleza estavam fechadas em uma caixinha e não me representavam."

PATRÍCIA LORETE

41 anos
Autora da página @janeladapatty
São Gonçalo – RJ

"Sou formada em Gestão de Recursos Humanos e pós-graduada em Saúde Mental e Atenção Psicossocial. Uso cadeira de rodas, pois tenho atrofia muscular espinhal (AME), uma patologia degenerativa que tem como característica principal a fraqueza muscular generalizada. Devido a essa condição, nunca andei ou fiz coisas mais simples como me sentar ou tomar banho sozinha. [...] Me lembro da primeira mulher com deficiência que conheci na internet. Ela se chama Girliane, também tem AME [...] Eu via a Gi não escondendo sua escoliose, o que sempre foi meu maior problema estético! Ela tirava foto de lado e postava. Como assim ela não tinha vergonha da corcunda? Eu também a via postando fotos de vestido longo (na minha visão, era 'chique'), de tomara-que-caia (na minha visão, era 'moderna'), bebendo, com namorados. Enfim, vivendo! [...] Fui mudando meu jeito e recebendo elogios 'de como estava diferente', e isso foi aumentando minha confiança. Fui me sentindo confortável comigo mesma. Algo que me marcou muito foi quando uma seguidora de 40 anos me disse que não tinha relação sexual por vergonha de sua parte íntima. Ela tem uma deficiência e, desde pequena, teve que usar fralda. [...] Ela disse que não tinha coragem de mostrar nem mesmo para uma amiga, mas tinha coragem de mostrar para mim. [...] se sentiu bem em mostrar para alguém que sabia que não iria julgar seu corpo. Tudo na vida tem o lado positivo e negativo, e as redes sociais não fogem à regra. Com certeza é possível usá-las para o bem! Levando informações corretas, trocando experiências, oferecendo serviços, etc. [...] E, à medida que fui amadurecendo, percebi muito claramente que outros aspectos que vão além do corpo podem ser extremamente atrativos em um processo de paquera, conquista, flerte. Eu alimento minha autoestima prestando atenção em partes do meu corpo de que gosto: boca, seios e aspectos mais subjetivos, como minha simpatia, minha espontaneidade e minha simplicidade. Tudo isso faz uma pessoa ser, mais que bonita, ser interessante!"

Cirurgia plástica: é coisa nossa

"As mulheres entrevistadas demonstram plena consciência de que são muitas vezes utilizadas como 'cobaias' ou 'objetos de estudo' e, ainda assim, preferem correr o risco a permanecerem com a questão estética que as incomoda, porque entre elas há uma noção muito clara de que somente se aproximando do padrão de beleza vigente conseguem ascensão social."

Neste capítulo:

- Banalização dos procedimentos estéticos
- Julgamentos nas redes
- "Envelhecer bem" × "envelhecer mal"

Brasil no pódio

O nosso país pode estar atrás de outros em diversos *rankings*, mas se tem um do qual que não ele não arreda o pé é o de cirurgia plástica. Nos últimos anos, estamos sempre no pódio, geralmente perdendo apenas para os Estados Unidos (Isaps, 2024). Essa especialidade médica ganhou força na Primeira Guerra Mundial (1914-1918), quando os cirurgiões se viram desafiados a reconstruir partes do corpo dos sobreviventes (Plástica [...], 2014). Com a evolução da medicina, nasceram novas técnicas, com fim exclusivamente estéticos. As buscas por esse tipo de serviço vêm se tornando cada vez mais intensas, e, assim, muitos procedimentos se tornaram mais acessíveis. O que antes era uma exclusividade da elite hoje já é bem mais popularizado, parcelado e facilitado (e, no Brasil, até mesmo gratuito).

Aqui, quero falar um pouco sobre a banalização desse recurso, muitas vezes vendido como uma solução imediata, simples e milagrosa para todos os problemas ligados à insatisfação corporal – o que envolve muitos modismos e riscos e influencia mulheres em todo o mundo (Sperry *et al.*, 2009).

Banalização

Na época do isolamento provocado pela pandemia de covid-19, lembro que pipocaram notícias de famosas que estavam apostando na lipo HD. Explicando rapidamente o procedimento: HD é a abreviação de *high definition*, e por esse motivo a técnica também é chamada de lipo LAD (ou seja, lipoaspiração de alta definição). O diferencial consiste em retirar a gordura das camadas mais superficiais do abdômen (ou de outras partes do corpo), fazendo um contorno bem marcado dos músculos. Então, como resultado, a pessoa vê o tão desejado "tanquinho", como se tivesse passado os últimos anos esculpindo o corpo em uma academia.

Entre as famosas que se submeteram à lipo LAD estavam *influencers* jovens e magras. E, lendo mais sobre o procedimento, descobri que um dos critérios para poder fazer essa cirurgia é justamente ser magra, porque o objetivo não é a diminuição de peso ou a retirada de uma quantidade muito grande de gordura, mas a eliminação de gordurinhas indesejadas e "difíceis de serem perdidas" (como explica a maioria das mulheres que fizeram o procedimento).

Não é difícil encontrar, nas redes sociais, vídeos de mulheres contando sobre o pré e o pós-operatório de uma cirurgia plástica como se estivessem falando de um corte de cabelo novo. Assisti a uma série deles para escrever este capítulo. O que vi foram frases e comportamentos muito parecidos.

De um modo geral, elas fazem uma espécie de *tour* pelo quarto onde estão internadas – especialmente as famosas, que ficam em clínicas e hospitais chiques, graças às permutas. Mostram seus corpos nus (geralmente, apenas com tapa-sexo nas partes íntimas e nos mamilos) e rabiscados. Aquela clássica imagem de cirurgia plástica. No pós-cirúrgico, aparecem bem abatidas, mas sempre mostrando otimismo e grandes expectativas com relação ao resultado. Também falam do medo que sentiram e da sensação ruim de terem sido entubadas e usado dreno. Falam da dor, da ardência, do incômodo de terem que usar cinta pelas próximas semanas em um país predominantemente quente como o Brasil. Mostram as cicatrizes, os hematomas e as dificuldades para fazer movimentos simples, como se levantar da cama. Geralmente, estão acompanhadas do parceiro ou da parceira, ou da mãe, que são essenciais para ajudar nas tarefas básicas, como ir ao banheiro, alimentar-se e tomar banho. Falam também dos custos, que não são poucos. Matérias sobre o tema, além dos relatos das próprias mulheres no YouTube e nas redes sociais de famosas que fizeram o procedimento, informam que os gastos podem ir de R$ 20 mil a R$ 100 mil (Castro, 2022). Esses vídeos e caixinhas de perguntas e respostas no Instagram costumam ter milhares de *views*, pois despertam muito interesse.

Também analisei alguns comentários desses vídeos e *posts* e notei que eles se dividem. Enquanto parte das pessoas festeja o resultado e compactua do sonho de fazer uma cirurgia plástica, a outra questiona a necessidade do procedimento, ainda mais quando são meninas jovens e que já estão dentro do padrão de beleza vigente. Existe um outro tipo de comentário muito comum e que diz respeito à "escolha do caminho mais curto". Em tom de crítica, muitos perguntam: "Fazer atividade física e fechar a boca ninguém quer, né?". Acho que todas essas visões são compreensíveis, mas questionáveis. Festejar um corpo que só é conquistado a partir de um procedimento invasivo me parece algo um pouco aprisionante.

Anuschka Rees, autora de *Beyond Beautiful* ("Além da beleza"), afirma:

> Para a sociedade como um todo, a normalização da cirurgia estética é uma má notícia. Claro, queremos viver em um mundo onde as mulheres possam fazer o que quiser com seus corpos

> sem serem julgadas. Mas, se mais e mais mulheres ostentam narizes perfeitamente esculpidos, testas sem rugas na casa dos 50 anos ou seios empinados após a gravidez, isso sem dúvida estabelece uma nova linha de base e empurra nossos já irreais ideais de beleza para ainda mais longe. (Rees, 2019, p. 177, tradução nossa)

Quanto mais aplaudimos, damos *like* e exaltamos esse único tipo de beleza, mais ele é tido como aceito e mais desejado. E o que não se parece com isso, por outro lado, passa a ser visto como feio, errado, repulsivo e inaceitável (lembra-se do *body shaming*, abordado no capítulo 3?). Ao mesmo tempo, ir ao perfil da pessoa para ficar questionando o que ela faz com o próprio corpo e o próprio dinheiro não é apenas falta de educação, sensibilidade e empatia como também algo completamente inútil: é uma discussão vazia, que não acrescenta nada para quem acabou de fazer uma cirurgia (ao contrário, pode fazer muito mal) tampouco para quem está escrevendo, que poderia estar utilizando esse tempo de forma mais inteligente, ocupando-se da própria vida.

Já com relação ao discurso de que quem faz cirurgia plástica está optando pelo caminho mais fácil, também é uma falácia, já que o emagrecimento é um processo que depende de diversos fatores. Além disso, existem heranças genéticas no nosso corpo que não mudam mesmo, nem com todo o foco, toda a força e toda a fé do mundo.

Eu, por exemplo, tenho seios pequenos. Malhando eu vou conseguir aumentar? Não. Isso me incomoda? Também não, por isso nunca cogitei colocar silicone. Mas e se me incomodasse? E se fosse um trauma, um complexo, algo que eu não pudesse suportar? E se um dia eu mudar de ideia e quiser ter "peitão"? Alguém teria o direito de me julgar por querer colocar silicone?

Nosso repertório individual só cabe a nós mesmas, e deveríamos ser respeitadas por fazer o que quisermos com nosso corpo, até mesmo uma lipo HD no meio de uma pandemia. É questionável? Sem dúvida. Mas não sabemos aquilo pelo qual a pessoa está passando. Um outro exemplo: uma queixa muito comum que já ouvi entre mulheres que tiveram filhos, inclusive de amigas próximas, é a diástase pós-parto, quando o músculo da barriga se descola do tecido e resulta em uma "pochetezinha" com flacidez bem difícil de "resolver". Muitas ficam com vergonha de tirar a roupa perto do marido, ou de colocar um biquíni, em razão dessa transformação pela qual o corpo passou. Nos últimos anos, em contrapartida, também tenho visto o movimento contrário – muitas mulheres celebrando o corpo pós-gravidez, tentando ressignificá-lo, valorizando as estrias e dobras que geraram uma vida. Acho sensacional e admiro demais, mas também entendo as mulheres que não conseguem atravessar essa linha tão rapidamente e, assim, passam a acreditar que só uma cirurgia plástica pode "salvá-las". E esse desejo é alimentado justamente por essa banalização, a partir do foco máximo nos benefícios estéticos e mínimo nos riscos.

Acredito que, em muitos casos, uma cirurgia é capaz de restaurar a autoestima da mulher e, assim, melhorar sua qualidade de vida. Mas é preciso que esses temas sejam tratados considerando que qualquer intervenção exige um acompanhamento médico criterioso e de qualidade. Por isso, em vez de criticar ou culpar as mulheres, temos que questionar os valores da nossa sociedade – que somos nós mesmas que ajudamos a construir. Temos que reeducar nossos olhares e exaltar a diversidade. É só a partir disso que vamos ter plena liberdade para decidir se queremos ou não nos submeter a uma cirurgia plástica. E, se a resposta for sim, que seja algo para agradar somente a você – e não para se encaixar, para agradar ao marido, ou para sair bonita no Instagram. Não há procedimento no mundo que devolva a autoestima se esse trabalho não começar de dentro para fora.

Bariátrica e o estigma da obesidade

A bariátrica é indicada como um último recurso para quem já tentou de tudo e não consegue emagrecer. Ainda assim, é um procedimento bastante realizado no Brasil. Segundo a Sociedade Brasileira de Cirurgia Bariátrica e Metabólica (SBCBM), cresceu 132% entre 2011 e 2023 (Cirurgia [...], 2024).

Aqui, não quero afirmar que esse procedimento está banalizado, e sim pontuar o pavor da gordura que tem nos levado a essa avalanche de tentativas de emagrecer – das dietas mais "inocentes" às cirurgias que mudam completamente o organismo e a vida de uma pessoa. E esse medo tem origem no estigma social ligado à gordura.

Os estereótipos da gorda e da magra se fortalecem todos os dias, seja de forma agressiva, seja de um modo sutil. Nossa cultura ensina as mulheres – de pesos e tamanhos diversos – a odiarem tudo que seja relacionado ao corpo gordo. "A minha vida não seria mais fácil se eu fosse magra. Minha vida seria mais fácil se esta cultura não fosse obcecada em me oprimir porque sou gorda", diz a ativista norte-americana Virgie Tovar (2018, p. 39, tradução nossa).

A luta principal pelo fim do estigma do peso não tem a ver com questões estéticas, e sim com o respeito a todos os tipos e tamanhos de corpos. As conquistas nessa área são um ganho coletivo, pois, como ressalta Tovar, a gordofobia atinge a todas: tanto quem sofre o preconceito por ser gorda quanto quem tem medo de engordar e um dia vir a ser alvo de ataques. Enquanto não nos libertarmos desses estigmas, continuaremos correndo atrás do "corpo perfeito", colocando a estética na frente da saúde e brigando com nós mesmas, em um sentimento de insatisfação eterna.

O "direito de ser bela" é para todas

Em seu livro *A biopolítica da beleza*, a antropóloga Carmen Alvaro Jarrín detalha uma pesquisa de campo realizada em comunidades cariocas, investigando cirurgias plásticas oferecidas pelo Sistema Único de Saúde (SUS) a pessoas de baixa renda (Jarrín, 2023). Foram três anos observando e conversando com pacientes em salas de espera dos hospitais públicos, entrevistando médicos, participando de convenções de cirurgia plástica e até mesmo assistindo a alguns procedimentos.

Em palestra realizada no Institute for the Study of Societal Issues, da Universidade da Califórnia, Berkeley (ISSI), Jarrín compartilhou um pouco dos achados do estudo. Conforme foi apurado, uma prática comum é fazer com que determinadas características físicas possam ser classificadas como uma questão de saúde. Por exemplo: uma moça de seios pequenos pode ter um diagnóstico de "hipertrofia de glândulas mamárias". Dessa forma, a cirurgia passa a atender ao critério de ser "reparadora" e, portanto, coberta pelo Sistema Único de Saúde (Jarrín, 2018). A Biblioteca Virtual em Saúde (BVS) esclarece que o SUS não cobre cirurgias plásticas estéticas, somente reparadoras, com o objetivo de corrigir

> deformidades congênitas (de nascença) e/ou adquiridas (traumas, alterações do desenvolvimento, pós-cirurgia oncológica, acidentes e outros), devidamente reconhecida, ou ainda quando existe déficit funcional parcial ou total cujo tratamento exige recursos técnicos da cirurgia plástica. (Quais as cirurgias [...], 2021)

Jarrín afirma que os hospitais públicos servem como um importante "treino" para os jovens cirurgiões, que podem aprimorar suas técnicas por lá e, futuramente, mais experientes, conquistar prestígio em clínicas particulares. As mulheres entrevistadas demonstram plena consciência de que são muitas vezes utilizadas como "cobaias" ou "objetos de estudo" e, ainda assim, preferem correr o risco a permanecerem com a questão estética que as incomoda, porque entre elas há uma noção muito clara de que somente se aproximando do padrão de beleza vigente conseguem ascensão social. E é por isso que às vezes enfrentam meses ou até anos na fila de espera – porque acreditam valer a pena.

Outra observação do estudo envolve a questão racial. Segundo Jarrín, o avanço da cirurgia plástica no Brasil é fruto de uma ideia que busca apagar nossa miscigenação e tornar nossa aparência cada vez mais eurocêntrica (Jarrín, 2023). Ainda conforme o estudo, para muitas das mulheres de baixa renda entrevistadas passar por uma cirurgia é visto como um autocuidado. Elas entendem o pós-cirúrgico como um momento de "lazer", em que podem finalmente se cuidar e dedicar um tempo a si mesmas. E isso diz bastante sobre a desigualdade social do nosso país, como observou Denise Bernuzzi de Sant'Anna:

> Para milhares de brasileiros, "melhorar o visual" é concebido como um meio de, finalmente, corrigir uma injustiça. Se, no passado, essa decisão podia ser acompanhada por um sentimento de culpa, hoje, ao contrário, muitos esperam, por meio do sucesso cirúrgico, livrar-se de uma aparência julgada inferior, que não combina com o que eles pensam deles mesmos. "Dar um *up* na aparência" representaria ainda uma prova de autoestima e, ao mesmo tempo, um meio de potencializar-se. (Sant'Anna, 2014, p. 161)

Minimamente invasivo (mas nem sempre)

Ainda segundo a historiadora, a cirurgia plástica e os procedimentos estéticos tendem a ser vistos como tratamentos cosméticos. "Eles assumem um aspecto leve e sem riscos, podendo ser realizados nos horários de almoço para quem trabalha, quase como quem apenas mudou de roupa ou de batom" (Sant'Anna, 2014, p. 164).

Existe uma infinidade de métodos não invasivos utilizados para nos manter magras, jovens e alinhadas com as tendências mundiais na área da beleza. Em 2022, foram realizados quase 1 milhão de procedimentos não cirúrgicos no Brasil (Isaps, 2023). Os mais procurados são toxina botulínica (o famoso botox), que paralisa o músculo e impede a formação de rugas, e o preenchimento, que suaviza as linhas de expressão a partir da injeção de alguma substância, como ácido hialurônico.

Ao mesmo tempo, vemos aumentando os casos de mulheres que tiveram seus rostos deformados por procedimentos malsucedidos, que geralmente estão associados ao uso de substâncias duvidosas e a falsos médicos. O fato é que não nos chocamos mais com esse tipo de história, cada vez mais comum.

Medo de envelhecer

O avanço da cirurgia plástica também reflete um dos maiores temores femininos: o envelhecimento. Como dito no capítulo 3, a mulher que não se encaixa no padrão pode ser vista como desleixada e pouco feminina. Nesse cenário, ter uma aparência envelhecida também seria nossa "culpa" – afinal, temos tantas ferramentas para nos mantermos jovens, não é mesmo?

Além disso, ao passo que a nossa sociedade invisibiliza as mulheres velhas, também empurra as crianças para uma adultização cada vez mais precoce. O ideal de beleza e sexualidade feminina parece estar diminuindo de idade. Na mídia, vemos isso acontecer com atrizes, cantoras e outras figuras públicas sendo sexualizadas prematuramente. Um exemplo que teve repercussão mundial foi o da atriz Millie Bobby Brown, de *Stranger Things*. Quando a série estourou, ela tinha 12 anos e interpretava Eleven, uma menina com superpoderes que, nas cenas, não tinha nada de sensual (afinal de contas, era uma criança interpretando uma criança!). A coisa mudou completamente de figura quando ela começou a fazer aparições públicas, posar para grifes, estampar capas de revistas e se destacar em premiações. Usava roupas de adulta e se comportava como tal. Ao fazer 16 anos, Millie Bobby chegou a fazer um desabafo em seu perfil no Instagram falando sobre a frustração de ter sido sexualizada tão precocemente. No início de 2025, com 21 anos, ela afirmou, nessa mesma rede, ser vítima de *bullying* por estar, segundo alguns comentários, "envelhecendo mal". Alguns dos textos postados mencionados pela atriz tinham títulos como "O que Millie Bobby Brown fez no rosto?" e "Millie Bobby Brown é confundida com uma mãe enquanto guia a irmã mais nova por Los Angeles" (Dolan, 2025).

Para entender esse pavor das rugas, precisamos ir um pouco além e analisar o contexto por trás dele.

Envelhecer "bem"?

Você provavelmente já disse ou escutou esta frase: "Fulana envelheceu bem, mas a Sicrana está tão velha, acabada...". Eu mesma já falei muitas vezes esse tipo de coisa e, apesar de não verbalizar mais, infelizmente o pensamento ainda passa pela minha cabeça vez ou outra. Isso acontece justamente por conta dessa régua altíssima dos padrões de beleza com que acabamos nos acostumando.

Outro dia eu vi, em uma dessas contas do Instagram que falam sobre a vida dos famosos, uma montagem com o rosto de duas atrizes brasileiras da mesma idade, lado a lado. Era um convite à comparação, ainda que a legenda da foto não falasse isso de maneira explícita. Os comentários, você pode imaginar, eram praticamente unânimes: uma se cuidou; a outra, não. No entanto, o que tinha ocorrido ali, nitidamente, era que uma envelheceu de forma natural, e a outra, à base de procedimentos. Também é muito comum vermos nas redes sociais o rosto da mesma mulher com 30 anos e, depois, com 60, para demonstrar "a arte de envelhecer bem". As que mostram as rugas são vistas como "corajosas", pois "não têm medo de envelhecer". Quando três das atrizes de *Sex and the City* (Cynthia Nixon, Sarah Jessica Parker e Kristin Davis) divulgaram uma foto juntas para promover o *revival* da série, as pessoas se mostraram muito chocadas por verificar linhas de expressão e cabelos brancos. Mas o que elas esperavam, depois de vinte anos?

Na época, Sarah Jessica comentou, em uma entrevista:

> Não sei o que dizer a vocês! Principalmente nas redes sociais. Todo mundo tem algo a dizer. "Ela tem muitas rugas, ela não tem rugas o suficiente..." É quase como se as pessoas não quisessem que estivéssemos perfeitamente bem onde estamos, como se quase gostassem de sentir dor por quem somos hoje, se escolhemos envelhecer naturalmente e não parecermos perfeitos. [...] Eu sei como estou. Eu não tenho escolha. O que vou fazer sobre isso? Parar de envelhecer? Desaparecer? (Fry, 2021)

Apesar desse endeusamento da juventude, pelo menos hoje em dia vemos um debate maior sobre etarismo – o preconceito relacionado à idade. Mas falta muito para naturalizamos a degradação do corpo tal qual fazemos com os homens, que ficam mais "charmosos", "*sexy*" e "elegantes" com suas cabeças grisalhas, marcas do tempo na pele e barriguinhas de chope. As exigências para um homem ser considerado atraente são infinitamente menores do que as das mulheres. E tudo isso tem a ver com a eterna busca por manter o apelo sexual vivo.

Vida fértil: uma "bênção"

Poder gerar uma vida é uma vantagem biológica da mulher sobre o homem. Mas você notou que uso a palavra "bênção" entre aspas, certo? Isso porque sabemos que na prática não é bem assim. Hoje já existe um consenso maior sobre a romantização da maternidade e sobre o lado negativo que ela traz – coisas que até pouco tempo atrás eram consideradas tabus, assim como a questão da idade.

Cruzar a linha dos 40 sem filhos é um ato de coragem: se decidir engravidar, pode ter que encarar preconceito, gravidez de risco e uma série de outros problemas (embora a ciência tenha avançado muito na área de fertilização, aumentando as chances de gestações e filhos saudáveis). A mulher que não tem filhos por opção, então, nossa! Mereceria um capítulo ou, talvez, um livro inteiro à parte. Ela não é compreendida pela sociedade; é questionada, julgada e descredibilizada muitas vezes pelas próprias mulheres (Vinson; Mollen; Grant Smith, 2010; Ashburn-Nardo, 2017).

E é por isso que muitos autores associam a obsessão com a juventude feminina à duração da sua vida fértil. A imagem da mulher ainda estaria muito ligada à sua idade reprodutiva; assim, temos um "prazo de validade" bem curto e infinitamente menor que o dos homens, que podem fazer filhos em qualquer idade (acho isso uma grande injustiça da natureza!). É o tal do "relógio biológico". Acredito ter mais a ver com um "relógio social": crescemos com uma espécie de calendário imaginário que nos diz, lá no fundinho da mente, que no máximo até os 30 anos precisamos estar "resolvidas" na vida: casadas e, de preferência, já planejando os rebentos, em um emprego estável que nos garanta segurança financeira e uma boa licença-maternidade. E, para que esse calendário não seja prejudicado e, Deus nos livre, passemos do tal prazo de validade, precisamos nos manter atraentes para conseguir achar o parceiro certo na hora certa. Puxado, né?

Ao mesmo tempo que vamos exaltando a juventude e depreciando a maturidade, nos são oferecidas "soluções" para parecermos mais jovens. Não é à toa que cirurgias íntimas como a labioplastia (também conhecida como ninfoplastia) têm se tornado cada vez mais populares. Esse procedimento, que reduz os pequenos lábios vaginais, teve uma elevação de 15% entre 2019 e 2023 em todo o mundo, segundo a Sociedade Internacional de Cirurgia Plástica Estética. O Brasil lidera o *ranking* mundial nesse procedimento, com quase 30 mil cirurgias realizadas em 2023 (Isaps, 2024). De acordo com a Sociedade Brasileira de Cirurgia Plástica (SBCP), existem danos reais ligados à necessidade dessa cirurgia, como incômodo na relação sexual e desconforto local (SBCP, 2014). Ao mesmo tempo, alguns estudos demonstram melhora na satisfação sexual das mulheres que passaram pelo procedimento (Rohden, 2021). Mas não podemos desconsiderar que muitas buscam a cirurgia por questões estéticas, ou até mesmo para agradar ao parceiro (Alavi-Arjas *et al.*, 2024).

Velhice bela

A antropóloga Mirian Goldenberg é uma grande estudiosa do envelhecer e, em seu livro A *invenção de uma bela velhice*, ela conta os resultados de uma ampla pesquisa realizada com idosos brasileiros. Uma coisa curiosa que ela notou é que, ao mesmo tempo que o pavor das mulheres em envelhecer está majoritariamente ligado à aparência, esse é o mesmo fator que as liberta com o passar dos anos.

> Muitas mulheres se queixaram por se sentirem invisíveis socialmente, não serem mais consideradas desejáveis, serem ignoradas e praticamente transparentes ao olhar masculino. No entanto, essa invisibilidade social parece ter como um resultado inesperado a libertação da ditadura da aparência jovem e uma mudança importante de foco: elas deixam de existir para serem olhadas, elogiadas e admiradas pelos homens. Podem, finalmente, buscar o próprio desejo e cuidar de si. Podem, finalmente, "ser elas mesmas". (Goldenberg, 2020, p. 99).

Ironicamente, enquanto encerro este capítulo, estou fechando também um carrinho de compras com alguns cremes anti-idade, já que os meus acabaram. No que diz respeito a rituais de beleza, a linha entre o que é vontade própria e o que é imposição social às vezes é nebulosa mesmo.

Experiências e relatos

VALENTINA SCHULZ

18 anos
Criadora de conteúdo
São Paulo – SP

"As pessoas sempre dizem que, se você ficar famosa, vai ter muitos *haters*, mas ninguém nunca te conta sobre a parte do assédio. Eu tinha 12 anos, e homens com idade dos meus pais estavam falando sobre o meu corpo. [...] Meus pais me blindaram, minha mãe me explicou o que estava acontecendo, mas tive muito medo. Naquele momento, eu percebi que o mundo não era cor-de-rosa como eu imaginava. Todo mundo fala para mulheres que sofreram assédio como elas são fortes, que se não tivessem passado por isso não seriam a mulher que são hoje. Eu digo que não mesmo: eu seria uma pessoa com muito menos medo e muito mais estável. [...] Faço vídeos no YouTube falando sobre temas muito importantes, como depressão, sexualidade, feminismo, assédio, distúrbios mentais e suas influências na fase da adolescência. São temas que demandam muita pesquisa e estudo. E tudo o que eu recebo em sua maioria são comentários falando sobre como estou bonita. Eu entendo que sou uma pessoa que tem uma beleza clássica, digamos assim, dentro do padrão, mas eu sou muito mais do que um rosto bonito. E a coisa que eu mais admiro em mim mesma não é a beleza, porque isso eu não tive que fazer nada para conquistar, mas a minha inteligência, os meus estudos. Disso, sim, eu tenho orgulho e gostaria que fosse mais reconhecido."

CAROLINA DESTRO

32 anos
Comunicadora e terapeuta
São Paulo – SP

"Eu tinha 19 anos quando coloquei próteses de silicone nos seios. Estava buscando me sentir bem com meu corpo. Algumas amigas minhas mais velhas tinham, e eu sempre achei bonito. Senti que precisava daquilo para me amar, curtir as roupas e me sentir 100%. Foi realmente uma questão de aceitação social que a princípio me fez bem. [...] Depois que comecei a me aceitar mais, sem dietas e sem maquiagem, e compreendendo que sou única e perfeita, senti que aquelas próteses não faziam mais parte de mim e que também não existia mais a motivação de quando eu coloquei. Pesquisando, percebi que era possível retirar e não tive dúvidas de que queria fazer isso. [...] Ao retirá-las, senti uma mudança muito grande e confesso que no começo foi horrível. Me estranhei muito no espelho e senti que aquele não era o meu corpo. Com o tempo, fui me entendendo e me acostumando, mas sempre gosto de compartilhar que precisamos estar seguras para fazer o processo de explante. Talvez mulheres com autoestima baixa e sem rede de apoio possam sofrer graves consequências psicológicas, pois não podemos negar que ainda vivemos em uma sociedade que cobra muito do nosso corpo físico dentro de um padrão. Ao mesmo tempo, me senti muito leve com as roupas e, principalmente, nas atividades físicas. É libertador não ter o peso das próteses. Publiquei um vídeo sobre meu explante e recebi muitas mensagens, das mais variadas. As que mais me inspiram são as mensagens de mulheres jovens que estavam pensando em colocar a prótese e, por conta do meu relato, desistiram. [...] As mensagens que mais me causam incômodo são as de mulheres casadas que dizem que querem tirar, mas o marido não deixa."

MIRELA *(nome fictício)*

Professora
Goiás

"Todas as tentativas de dietas, medicações e tratamentos não deram nenhum resultado. Tentei várias: da sopa, da lua, do tipo sanguíneo, do dr. Atkins, e o método Dukan são alguns exemplos do que eu tentei, inclusive mais de uma vez. Além das dietas que eu fiz por conta própria, já fui em endocrinologista, nutrólogo, nutricionista, médico quântico, psiquiatra. Tomei termogênicos, anfetaminas, calmantes, ansiolíticos, fitoterápicos e vários remédios para emagrecer. Além, é claro, de chás, *shakes*, receitas milagrosas, simpatias e toda sorte de coisas. Nada funcionou. Também fiz vários procedimentos de várias naturezas. Na parte estética, além de alisamentos e tinturas capilares, fiz massagens, drenagens, ozonioterapia, corrente russa, criolipólise, aplicação de botox, lipo de papada. Devo até ter me esquecido de algum, mas já fiz muita coisa. Quanto a procedimentos cirúrgicos, fiz uma cirurgia para correção de miopia/astigmatismo porque não suportava os óculos (eu tinha 6 graus de miopia e as lentes eram muito grossas; esteticamente, era horrível). Fiz também uma mamoplastia e reduzi o tamanho dos seios. Eu usava sutiã 52 e, além da estética, estava complicando a minha coluna. Fiz também uma lipoescultura na mesma ocasião da mamoplastia. Quando fiz a cirurgia, me senti muito bem, especialmente porque o tamanho do meu seio me incomodava demais. Mas, passado um tempo, eu não me sentia mais confortável no meu corpo novamente, porque eu não tinha emagrecido. Pelo menos não estava engordando mais, mas eu permanecia oscilando entre 84 e 76 quilos. Hoje eu peso 66 quilos, uma grande diferença. Sempre fui sedentária, sempre trabalhei demais, tenho transtorno de ansiedade generalizada (TAG). Desenvolvi compulsão alimentar, muito estresse e muita sobrecarga. [...] Hoje em dia, corro três vezes por semana, e isso mudou a minha vida. Eu me senti bem realizada, além, claro, de melhorar meu preparo físico. [...] Hoje faço uma aplicação de botox na área dos olhos e testa a cada seis meses (tenho 39 anos, e as linhas começam a aparecer). Pinto os cabelos (muitos fios brancos) e faço as minhas unhas em casa. São coisas das quais eu gosto e que fazem com que eu sinta bem. Pretendo continuar com elas. Mantenho os cuidados com a pele e uso cremes anti-idade e protetor solar. E, claro, tenho duas ou três plásticas que gostaria de fazer, mas, por enquanto, vou vivendo sem elas."

FABIELLY VASCONCELOS

45 anos
Terapeuta sexual
Campos dos Goytacazes – RJ

"Era para ser um procedimento simples de preenchimento de olheiras com ácido hialurônico, só que ela usou outro produto em meu rosto, o polimetilmetacrilato (PMMA), que é definitivo [...]. Isso acarretou ainda mais danos ao meu rosto: atrofiou o tecido em alguns locais. Eu tive depressão e não conseguia sair de casa, pois as pessoas me olhavam como se eu tivesse sido agredida. No fundo, hoje entendo que sofri uma agressão. Fiquei quase um ano sem conseguir me olhar no espelho. [...] Minha vida profissional ficou devastada. Agora, tenho que remover todo o produto do meu corpo. A rejeição causa um processo inflamatório, e tenho que tomar antibiótico. A remoção só é possível com cirurgia plástica, então vou ficar com uma cicatriz. Estou esperando o resultado do processo judicial, pois o custo é alto, e ela tem que pagar essa remoção."

6

Necessidade de agradar (ou: quanto mais *like*, melhor)

"Quem consegue, com sucesso, replicar os padrões de beleza vigentes nessas plataformas tem a garantia da tão desejada 'chuva de likes' (e de dopamina). E, com os filtros, fica mais fácil seguir as mesmas fórmulas."

Neste capítulo:

- Redes sociais e saúde mental
- Imagem corporal feminina e os papéis das mulheres na sociedade
- Alternativas para filtrar os elogios e as críticas

Inscrito
14 mil
Compartilhar
Download

Não é de hoje

No livro *Untamed* ("Indomável"), a escritora norte-americana Glennon Doyle fala sobre como as mulheres aprenderam a "domar" os seus instintos naturais para agir de acordo com o que a sociedade espera delas. Em uma passagem, ela exemplifica isso descrevendo uma situação que vivenciou dentro da própria casa. Várias crianças – meninas e meninos – estão assistindo a um filme junto dos filhos dela. Ela decide ir até a sala perguntar se eles estão interessados em tomar um lanche. Os meninos, com os olhos grudados na tela, respondem que sim. As meninas se entreolham, sem trocar palavra. Depois de alguns minutos, uma delas (provavelmente, a mais desinibida) responde: "Não, obrigada". Segundo a autora, "os meninos olharam para dentro de si mesmos. As meninas olharam para fora de si mesmas. Esquecemos como saber quando aprendemos a agradar. É por isso que vivemos com fome" (Doyle, 2020, p. 24).

Acho interessante esse trecho porque ilustra bem como essa necessidade de atender às expectativas alheias está presente na vida das meninas desde cedo. Imagino que elas devam ter pensado: "Se nenhuma disser que está com fome, eu é que não vou ser a 'gulosa' da turma!". Ou, então, não queriam parecer folgadas, mal-educadas ou algo do tipo. Quem nunca se viu em uma situação semelhante, mesmo depois de adulta? Acredito que isso também tenha a ver com os estereótipos femininos abordados no capítulo 3: meninas devem ser comportadas e comedidas, caso contrário fogem do padrão esperado e acabam causando estranhamento. Claro que isso também melhorou muito nos últimos anos, mas, por outro lado, a cultura dos *likes* está aí, para nos pautarmos pela aprovação ou pela reprovação alheia.

Impactos das redes

Existem estudos (como o relatório de saúde púbica dos Estados Unidos de 2023) que associam o maior tempo de uso das redes sociais pelos jovens a sentimento de solidão, baixa autoestima, problemas de atenção, sono de má qualidade, piora da imagem corporal e maior predisposição a transtornos alimentares (U.S. Surgeon General's Advisory, 2023). Além disso, o uso excessivo estaria ligado a maior propensão à comparação (Fardouly *et al.*, 2015) e ao chamado *fear of missing out* (FOMO), que pode ser traduzido como "medo de ficar de fora" – aquela sensação de que todo mundo está aproveitando mais a vida do que você (Wang *et al.*, 2023; Hunt *et al.*, 2018).

A psicanalista Gabriela Malzyner explica por que as redes sociais podem ser bastante danosas à imagem corporal:

> Elas vendem uma fantasia a partir dos filtros e das posições da imagem chapada, dessa sociedade imagética. [...] Ouvimos relatos de médicos esteticistas ou plásticos que dizem que as mulheres chegam com a imagem delas mesmas com o filtro do Instagram, querendo vir a ser o que são na fantasia. [...] Tudo isso é muito prejudicial à saúde mental, muito desgastante para a imagem corporal e muito reducionista da experiência humana, porque estamos o tempo todo em uma mercantilização do corpo. (Malzyner, 2021)

Não é tão difícil compreender como chegamos aqui. As redes sociais são viciantes (U.S. Surgeon General's Advisory,

2023), e alguns estudos as comparam com alguns tipos de droga, como afirma o psicólogo Jonathan Haidt:

> Lembke [Anna Lembke, pesquisadora de vícios] diz que "os sintomas universais de abstinência de qualquer substância viciante são ansiedade, irritabilidade, insônia e disforia". Disforia é o oposto de euforia; refere-se a uma sensação generalizada de desconforto ou mal-estar. Isso é basicamente o que muitos adolescentes dizem sentir — e o que pais e médicos observam — quando crianças que são grandes usuárias de mídia social ou videogames são separadas de seus telefones e consoles de jogos involuntariamente. (Haidt, 2024, p. 134-135, tradução nossa)

A explicação estaria no sistema de recompensas do nosso cérebro. Quando fazemos algo gostoso (como comer um chocolate), o cérebro libera dopamina, associada ao prazer e à felicidade. Sentimos uma sensação de bem-estar, e o cérebro entende isso como uma recompensa boa, querendo mais. Pesquisas mostram que esse sistema é acionado quando recebemos um *like*, por exemplo (Wolpert, 2016). E, por esse motivo, queremos sempre repetir a sensação gostosa de ser "aprovada" por alguém no Instagram, no Facebook ou no TikTok, por exemplo. É como se fosse uma validação.

Quem consegue, com sucesso, replicar os padrões de beleza vigentes nessas plataformas tem a garantia da tão desejada "chuva de *likes*" (e de dopamina) (Wolpert, 2016). E, com os filtros, fica mais fácil seguir as mesmas fórmulas. Estamos nos distanciando cada vez mais dos nossos corpos reais porque são os irreais que realmente agradam à maioria (Ormerod, 2018).

> A identidade, antes tida como propriedade do portador, agora pertence ao observador. [...] Da perspectiva de mídia social, se

você mudar sua identidade, você tem que aceitar que pode perder parte do seu público que não se identifica mais com você – esse é o preço que você paga por ser você mesmo. Mas a alternativa é apenas fazer o que seus seguidores querem ver, que é basicamente viver sua vida para outras pessoas. (Ormerod, 2018, p. 50, tradução nossa)

Imagem corporal e saúde mental

Autoestima é um tema recorrente em vários perfis na internet: "Se ame do jeitinho que você é" é um "mantra" propagado nas redes. A intenção, na maioria das vezes, é de fato louvável. É uma outra forma de dizer: "Que se danem os padrões, seja você mesma". Mas, na prática, esse discurso não é tão fácil assim, justamente por todos os motivos que listei até agora neste livro. Existem fatores internos e externos que nos acompanham desde os nossos primeiros anos de vida e que ajudam a compor o que no meio acadêmico é chamado de "imagem corporal", ou seja, a "figura que temos em mente do tamanho e forma dos nossos corpos e os nossos sentimentos em relação a essas características e partes constituintes do corpo" (Slade, 1994, p. 497).

Estudando sobre esse tema, entendi que a imagem corporal é algo bastante abstrato e completamente individual, porque é a forma como pensamos e nos sentimos com relação aos nossos corpos. E só você mesma pode contar essa história. Por isso, não é tão simples olhar para o espelho e decidir "do nada" se amar. É preciso, antes de qualquer coisa, desconstruir algumas camadas que vamos colecionando ao longo da vida e, sobretudo, investir em muito autoconhecimento (Government Equalities Office, 2015).

Para escrever algumas partes deste capítulo, recorri à minha própria psicanalista. O fato é que o "carma" de ser terapeuta de uma jornalista curiosa a faz ser submetida a constantes "entrevistas não formais", às quais ela, invariavelmente, responde com alegria, doçura e profundidade. Nossa jornada juntas é longa, e eu só posso dizer que sou extremamente grata. Mergulhar em si mesma é uma viagem e tanto. Foi a partir de um entendimento maior sobre a minha psique que consegui evoluir em diversas áreas.

Segundo a minha digníssima terapeuta, estar mentalmente saudável tem a ver com estar socialmente adaptado, saber lidar com a ansiedade e com pequenos ou grandes episódios depressivos quando aparecem. "Ter saúde mental não quer dizer que você vai estar sempre feliz", ela diz. Acho essa fala superimportante porque se opõe à explosão de vidas esfuziantes e perfeitas que vemos nas redes sociais. Parece que mostrar felicidade se tornou algo mais importante do que efetivamente ser feliz. "Se não postou, não viveu", não é assim que dizem?

O que minha terapeuta quer dizer é que, para ter uma saúde mental boa, é preciso aprender a lidar com todos os tipos de sentimentos, porque eles fazem parte da vida. Angústia, ansiedade, medo, tristeza, tédio, insegurança, saudade, apatia. Ninguém mostra esse lado na internet. Ninguém posta seus defeitos, seus piores ângulos, seus pensamentos mais sombrios. Por mais que a gente já saiba disso, é muito difícil não se comparar.

Hiperpreocupação com a aparência

Para exemplificar o tanto de espaço que a preocupação com a aparência pode ocupar nas mentes femininas, Renee Engeln relembra um episódio *fashion* do Grammy do ano de 2000, quando Jennifer Lopez surgiu com um vestido verde de tirar o fôlego.

> O vestido Versace ostentava um corte em "V" largo e profundo na frente, indo bem abaixo do umbigo, mal cobrindo os mamilos de Lopez. Reportagens após o Grammy disseram que J.Lo usou fita dupla-face (e talvez um pouco de sorte) para manter o vestido no lugar durante a cerimônia de premiação. [...] Será que J.Lo se lembra de alguma coisa daquela noite? Será que conseguiu se concentrar nos discursos, nas apresentações, nos amigos sentados ao seu redor? Honestamente, como ela poderia pensar em qualquer coisa além de imaginar se seus seios ainda estavam suficientemente cobertos? O que aconteceu quando ela se sentou? Ela teve que murchar a barriga? Será que dá para se sentar com esse vestido? Quanto de distração esse vestido trouxe? (Engeln, 2018, p. 76-77, tradução nossa)

A autora destaca que, enquanto estivermos nos sentindo desconfortáveis em nome de uma imagem "perfeita", não vamos conseguir nos concentrar em viver integralmente nossas experiências, seja na vida pessoal, seja na profissional. Como em uma festa na qual estejamos superpreocupadas com uma cinta apertada ou com um salto mais alto do que aquele que poderíamos aguentar. Ou quando queremos a todo custo entrar em uma calça 38 mesmo sabendo que seria mais confortável usar alguns números acima e vamos trabalhar com ela mesmo assim, porque a 38 "veste melhor" e "deixa mais magra" (embora mal consigamos nos concentrar nas tarefas com aquela dor na barriga, que só é aliviada quando abrimos o zíper).

Não que seja um problema querer vestir uma roupa atraente, ainda que isso exija um pouco de sacrifício de vez em quando. O meu ponto aqui é o peso e o valor que atribuímos à aparência em um sentido mais amplo da nossa vida (e não em eventos específicos, como uma festa ou uma premiação do Grammy). Em uma sociedade que valoriza tanto o padrão de beleza atual, precisamos nos lembrar, diariamente, de que somos mais do que corpos, bem mais do que meros enfeites.

Consequências de uma imagem corporal ruim

Embora a preocupação com a imagem corporal não seja classificada como um problema de saúde mental, estudos mostram que ela pode gerar grande sofrimento e prejudicar a qualidade de vida das mulheres (Mental Health Foundation, *on-line*). Não se achar bonita ou atraente não é necessariamente um problema. Mas as pesquisas mostram que, quando essa preocupação com a imagem se torna excessiva, ela pode ser gatilho para transtornos alimentares e mentais, como ansiedade e depressão (Kearney-Cooke; Tieger, 2015), além de incentivar comportamentos de risco, como automutilação, sexo sem proteção, abuso de álcool, drogas e esteroides (Irving *et al.*, 2002) e uso de medicamentos para emagrecer sem acompanhamento médico (Varella, 2023). Além disso, pessoas que têm uma relação ruim com o próprio corpo tendem a se engajar menos em atividades físicas e apresentam maior risco de se tornarem obesas (Neumark-Sztainer *et al.*, 2007). Afinal, como tratar bem e cuidar daquilo de que a gente não gosta?

As consequências práticas, aquelas que sentimos no dia a dia, também são muitas. Uma revisão de 25 estudos feita em 2014, com mais de 49 mil meninas e mulheres entre 10 e 60 anos, apontou que as pessoas que têm uma imagem corporal negativa criam expectativas mais baixas para a própria vida. Com a autoconfiança abalada e muito associada à aparência física, elas podem, por exemplo, participar menos de atividades sociais ou apresentar uma menor performance acadêmica e profissional (Halliwell; Diedrichs; Orbach, 2014).

Vamos falar de custos reais?

A preocupação com imagem pode prejudicar a forma como ocupamos (ou não) os espaços na sociedade. Enquanto estamos ocupadas pensando na nossa aparência, os homens estão conquistando Marte. Não estou falando aqui de parar de passar batom, fazer depilação ou usar salto alto. A discussão não é sobre vaidade, mas sobre a busca eterna por uma aparência que se encaixe no padrão aceito, acreditando que, assim, a beleza vai abrir portas.

> É verdade, sim, que as mulheres ganham mais ao vender seu corpo do que ao vender sua capacidade. "Nesse contexto", escreveu a jurista Catharine A. MacKinnon, "é de interesse instrutivo perguntar qual é a melhor opção econômica para a mulher". [...] Um terceiro estudo seu demonstra que somente nas profissões de modelo e de prostituta as mulheres ganham regularmente mais do que os homens. (Wolf, 1991, p. 81)

Essas palavras foram escritas por Naomi Wolf em 1991, mas fazem sentido até hoje: as mulheres que têm a imagem como uma das principais ferramentas de trabalho ainda continuam a ser algumas das mais valorizadas na nossa sociedade. Mais de 30 anos depois, eu acrescentaria as *influencers*, que podem faturar em um único *publipost* o que muita gente ganha em um ano inteiro de trabalho.

Reitero que essa não é uma crítica às mulheres que se dedicam a essas profissões nem às que dedicam boa parte do seu tempo e do seu dinheiro investindo na própria imagem. Estou apenas reforçando o quanto a beleza ainda é vista como um dos maiores valores femininos, e, por isso, as mulheres que conseguem se encaixar no padrão são mais celebradas tanto financeiramente quanto em termos de reconhecimento. Duvido muito que você conseguiria citar, de cabeça, dez mulheres brasileiras que se destacam no mundo dos negócios. Mas aposto que não teria tanta dificuldade para elencar as dez mais importantes *influencers* digitais da atualidade. Aqui, não estou entrando no mérito do talento, mas focando a visibilidade.

Só que, com a "tiktokização" das profissões (Fregonese, 2023), hoje em dia até mesmo profissionais que não têm nada a ver com a área de conteúdo para internet às vezes se veem obrigadas a entrar nessa dança, já aproveitando a metáfora. E, assim, vamos valorizando cada vez menos as credenciais das pessoas e, na mesma proporção, dando mais valor à imagem, acreditando em *followers* e número de curtidas. Existem diversos problemas estruturais que estão por trás desse sistema de valores, e eu não conseguiria (nem tenho a pretensão de) me aprofundar em todos eles, tampouco de tentar falar por todas as mulheres. Os obstáculos que uma preta periférica vai encontrar na vida, ou de uma mãe solo que trabalha em dois empregos porque o pai não paga a pensão, por exemplo, são bem distantes dos de uma mulher como eu, branca, sem filhos e de classe média. Mas, independentemente da cor ou da classe social, é fato que essa validação pela imagem conecta a maioria de nós.

Nas últimas décadas, vários pesquisadores têm investigado a correlação entre as questões de imagem corporal feminina e os papéis que as mulheres desempenham na sociedade. A revisão de estudos citada alguns parágrafos atrás (a que envolveu mais de 49 mil participantes de 10 a 60 anos) apurou que o tema da aparência está presente entre mulheres no mundo todo e que, embora isso seja "percebido como uma parte agradável da vida, está, no entanto, imbuído de custos econômicos e psicológicos negativos que raramente são calculados" (Halliwell; Diedrichs; Orbach, 2014, p. 7, tradução nossa). Coisas supostamente triviais, como faltar à escola, não comparecer a uma entrevista de emprego ou evitar emitir opiniões por não estar se sentindo bem com o próprio corpo e pouco confiante de si, são atitudes que podem ter reflexos diretos no desenvolvimento pessoal e na atividade econômica feminina. "A preocupação com tamanho, peso, forma e atratividade rouba mentes, paixões e corpos de meninas e mulheres" (Halliwell; Diedrichs; Orbach, 2014, p. 7, tradução nossa).

Apesar das nossas inúmeras conquistas nas últimas décadas, ainda há muito a caminhar. Por exemplo, a política: dados de 2024 mostram que, no Brasil, apenas 18% dos vereadores e 13% dos prefeitos eleitos eram mulheres (Estudo [...], 2024). Além disso, embora sejam mais instruídas, elas ocupam apenas 39,3% dos cargos gerenciais, ao mesmo tempo que dedicam praticamente o dobro do tempo aos trabalhos domésticos – uma média de 21,3 horas contra 11,7 horas semanais empenhadas pelos homens, segundo o Instituto Brasileiro de Geografia e Estatística (IBGE). A desigualdade salarial permanece uma realidade dura de engolir: em 2023, as mulheres receberam 20,7% menos do que os homens (IBGE, 2024). Lembrando que as mulheres pretas estão em ainda mais desvantagem quando comparadas às brancas (Cabral, 2024). E, para além de todos esses custos, está um sentimento de insatisfação eterna, que coloca muitas mulheres em um ciclo de autodepreciação e tentativas de se encaixar. A partir de números como esses, fica mais fácil entender de onde vem essa nossa devoção ao padrão de beleza. De fato, estamos tentando sobreviver.

Insatisfação corporal: quando se preocupar

A insatisfação corporal é um sintoma comum entre as pessoas que sofrem de anorexia e bulimia e está relacionada a distúrbios mentais como o transtorno dismórfico corporal (TDC) (APA, *on-line*), uma condição em que a pessoa pode se ver maior ou menor do que ela realmente é diante do espelho. O diagnóstico desse tipo de condição é altamente complexo, de acordo com o que apurei com especialistas da área. E a minha dúvida principal sempre era: como diferenciar um problema de saúde de uma insatisfação corporal normal? Ninguém me respondeu a essa pergunta de forma simples, e no fundo eu achei bom: minha ideia, com este livro, não é propor um autodiagnóstico. A explicação que me pareceu mais plausível e simples foi a da nutricionista Raquel Labonia, especialista em comportamento alimentar, que me explicou da seguinte forma:

> Quando falamos de insatisfação corporal, é como se existissem dois níveis. Tem um nível em que eu posso falar que estou satisfeita com meu corpo, porque convivo com ele de uma forma que não me prejudica mentalmente, socialmente, e em nenhuma outra área da minha vida. Se me falarem assim "Você mudaria alguma coisa?", eu posso responder "Sim, eu mudaria o meu quadril". Ou seja, eu não gosto do meu quadril, mas não é todo dia que eu penso nisso. E aí tem um outro nível, que é disfuncional, em que você tem prejuízos psicossociais. É considerado um problema a partir do momento que traz sofrimento. (Labonia, 2021)

Ela me ajudou a listar alguns comportamentos comuns, hoje até normalizados, mas que podem acender um sinal de alerta. Entre eles: uma preocupação exagerada com o peso, com calorias ou com os possíveis "defeitos"; comparação excessiva com outros corpos; sentimento de nojo ou vergonha do corpo; sensação constante de inadequação; investimento exagerado em cuidados com a aparência e um medo muito grande de engordar. Se esse tipo de coisa vem ocupando mais espaço na sua cabeça do que qualquer outro aspecto da sua vida, e roubando sua saúde mental, talvez seja a hora de procurar ajuda profissional.

Pare de tentar agradar

Escrevo este parágrafo minutos depois de ter recebido uma crítica por algo que redigi. Na verdade, a crítica não foi sobre algo que falei, mas sobre algo que deixei de falar. Antes desse comentário – que, diga-se de passagem, foi educado e construtivo –, eu recebi uma enxurrada de *likes*. Diversas pessoas elogiando meu texto, minha forma de ver a vida e a reflexão positiva que eu causei nelas com as minhas palavras. Agora eu pergunto: qual dessas interações você acha que grudou na minha mente? As positivas ou a única negativa (que nem foi tão pesada assim). Sim, a negativa.

Admito que eu não sou uma pessoa que lida facilmente com críticas. E isso é algo que tive que enfrentar ao impor, a mim mesma, o desafio de escrever este livro. Então, qual é o meu exercício? Tentar aprender com as críticas, e foi o que eu fiz quando recebi aquele *feedback*. Dialoguei. Refleti. Entendi. E toquei em frente. Mas, mais do que aprender, é preciso também saber diferenciar as críticas que chegam até você para ajudar e as que vêm só para botar mais pra baixo. É fácil? Olha, não. É dificílimo. Aqui entra a importância do autoconhecimento, porque é conhecendo mais sobre nós mesmas que conseguimos compreender o outro. De repente, você percebe que algumas críticas dizem mais sobre quem as fez do que sobre você. Aí é simples: é só não pegar pra si.

Por outro lado, viver acreditando somente em quem concorda com você, elogia e dá chuva de *likes* também pode ser uma grande roubada. No livro *A coragem de não agradar*, os autores, Fumitake Koga e Ichiro Kishimi, mostram que a busca constante por reconhecimento é uma forma de abrir mão da própria liberdade. E isso não se aplica só a padrão de beleza, mas a várias esferas da nossa vida. Investir seu tempo tentando ser algo que você não é, só para ser aceita, é extremamente cansativo; não é espontâneo nem natural. Dá um trabalhão danado. Exercer sua liberdade também passa por reconhecer e viver de acordo com os seus princípios. Não é sobre simplesmente ligar o tal do botãozinho do (...) e não ouvir qualquer crítica. É sobre se importar menos com a opinião alheia, como pontua a psicanalista Gabriela Vargas:

> O autoconhecimento pode te ajudar a estabelecer limites. Mas também é importante ter uma rede de apoio, se sentir amada e cuidada. Tudo isso fortalece uma mulher para que ela possa se responsabilizar pela sua própria vida e encontrar sua maneira única de viver. O amor é uma grande potência no sentido da independência. Porque não somos independentes das outras pessoas, isso é uma utopia. Nos preocupamos com a opinião de quem amamos. Mas a questão é sempre o quanto dependemos, e o quanto nos importamos. (Vargas, 2021)

Uma das propostas do livro de Koga e Kishimi me chamou atenção e achei conveniente falar sobre ela aqui. Eles afirmam que a felicidade tem a ver com o senso de contribuição, quando sentimos que somos úteis de alguma forma. Parece que é a mesma coisa que "tentar agradar", mas não é. Eles não se referem ao *status* ou à validação externa, mas ao propósito que cada uma de nós tem nesse mundo, e isso, a meu ver, é uma forma de olhar mais para dentro de si e encontrar a própria "régua" de validação. Assim, fica mais fácil filtrar os elogios e as críticas, porque você passa a ser guiada por algo maior do que o desejo de controlar o que os outros pensam sobre você.

Experiências e relatos

JÚLIA *(nome fictício)*

29 anos
Fotógrafa
São José dos Pinhais – PR

"Eu sofro com transtorno alimentar desde os 18 anos. Sempre odiei a minha imagem, ora porque era magra demais, ora porque era muito gorda. Desde quando comecei a fotografar, em uma fase em que meu transtorno já estava mais controlado, sempre me interessei por retratos, principalmente de mulheres com biotipos diferentes. Por incrível que pareça, fotografar outras belezas me fez olhar com mais carinho para a minha imagem e me desapegar de alguns ideais equivocados. [...] Um caso que me marcou foi o de uma moça que fez um ensaio para o marido buscando autoestima e para reanimar o casamento. Ela tentava reproduzir poses estilo Playboy, algo que não tinha nada a ver com ela, mas era isso que ela entendia como sexy e sensual. O desconforto dela era nítido. [...] Como uma profissional que trabalha com imagem, acredito que a beleza está ligada diretamente com mulheres bem-sucedidas e de valor. Quanto mais bonita você é, mais alto você sobe, mais dinheiro você tem. Por mais que sejam feitas campanhas e tentemos conscientizar de que beleza é algo relativo, se as mulheres que estão no topo não se desprenderem de padrões de beleza impostos pelo patriarcado, nós aqui de baixo continuaremos sofrendo, pressionando e julgando outras mulheres por essa imagem irreal."

LUCIANA PEREIRA SANTOS

50 anos
Auxiliar de saúde bucal e técnica em nutrição e dietética
São Paulo – SP

"Tenho quatro filhos e dois netos. Sempre tive o sonho de me ver de noiva. Fomos pais muito cedo, estamos juntos há 32 anos e nunca tivemos oportunidade de nos casar, por motivos financeiros. O tempo passou, e deixei esse sonho para trás. Só que entramos em um concurso, no qual contamos nossa história de amor, e vencemos. Fomos contemplados com uma cerimônia completa de casamento. Na época, eu estava com 49 anos, mas eu queria me ver de noiva, independentemente da idade. Todos ao meu redor ficaram muito empolgados, porque sabiam que era um sonho. Outros falavam, em tom de brincadeira: 'Mulher, você quer casar, e eu quero divorciar! Que coragem!'. Foi um dia muito emocionante. Claro que tive um pouco de insegurança com o vestido, principalmente por conta dos meus seios. Amamentei quatro filhos e nunca fiz nenhuma intervenção. Eu sinceramente ainda tenho vergonha de dizer minha idade, mas mesmo assim me sinto bem, jovem e bonita. Depois de criar os meus filhos, eu voltei para o mercado de trabalho. [...] Eu sempre senti a necessidade de voltar a estudar, então me matriculei em um supletivo em 2004. De lá para cá, não parei mais."

7

Comparações com a alimentação da internet

"É preciso estar atenta para não se colocar ainda mais pra baixo e achar que é uma fracassada só porque não consegue ter a 'disciplina' da blogueira. Spoiler: *não é só disciplina, é também privilégio."*

Neste capítulo:

- O "antes e depois" que fazem questão de nos mostrar
- Alimentos "bons" e alimentos "ruins"
- Soluções "milagrosas" propagadas nas redes
- Comer transtornado e comer emocional
- O que seria "comer normal"

O peso das cobranças

As histórias de superação que vemos na internet envolvendo emagrecimento são tentadoras. Você abre um portal de notícias e dá de cara com algo do tipo: "Após ouvir do médico que ia morrer, mulher emagrece 50 quilos com dieta e corrida". Geralmente, a pessoa conta que adotou mudanças radicais. Deixou de ingerir açúcar, farinha branca e refrigerantes e passou a comer mais verduras, legumes e frutas e a beber mais água. Do sedentarismo total, foi para três dias de atividade aeróbica por semana, mais duas sessões de musculação e treinos até no fim de semana. Ou seja: a partir de uma mudança completa de estilo de vida, ela melhorou a saúde como um todo e, consequentemente, perdeu peso. A imagem que ilustra esse tipo de depoimento, invariavelmente, é o famigerado "antes e depois": de um lado, a pessoa quando estava gorda e, ao lado, ela magra, segurando uma calça bem larga ou exibindo a "nova" silhueta com uma roupa de academia.

De fato, essas histórias podem ser muito inspiradoras. Mas é bom lembrar que, segundo a Organização Mundial da Saúde (OMS), a obesidade entre os adultos dobrou desde 1990 e quadruplicou entre os adolescentes nesse mesmo período (Obesity [...], 2024). No Brasil, dados mais recentes indicam que 24,3% dos adultos convivem com a obesidade, enquanto 61,4% estão no quadro de excesso de peso (Ministério da Saúde, 2024). Isso significa que muitos brasileiros se identificam mais com a foto do "antes" do que com a do "depois". E muitas dessas pessoas não têm condições financeiras, sociais e/ou psicológicas de fazer uma mudança tão drástica na vida. Com isso, podem se sentir ainda mais culpadas por não terem a tal "força de vontade" e a "vergonha na cara" para adotar novos hábitos e emagrecer. E olha que nem vou entrar aqui na questão socioeconômica, mas vale destacar que muita gente só come comida industrializada (que contribui para o ganho de peso quando consumida em excesso) porque é a única coisa disponível, e não por opção (Ministério da Saúde, 2024).

Ainda assim, apesar de todos esses "poréns", vemos a foto da pessoa gorda representando conceitos como doença, preguiça, falta de disciplina e fracasso. Já a da pessoa magra evoca saúde, determinação, foco e sucesso. Eu não duvido de que quem emagrece "na raça" mereça todos esses reforços positivos. Mas, por outro lado, os rótulos negativos associados à obesidade também precisam ser revistos, porque eles não têm ajudado as pessoas a emagrecerem.

Uma análise de 2005 publicada no *American Journal of Public Health*, realizada com dados de mais de 8 mil pessoas, mostrou que as mulheres com índice de massa corporal (IMC) mais alto recebiam menos indicação de exames preventivos, como mamografia e papanicolau (Østbye *et al.*, 2005). Um outro estudo (Gudzune *et al.*, 2013) investigou a relação entre médico e paciente de acordo com o IMC e constatou que as pessoas com sobrepeso ou obesas foram as que receberam os mais baixos níveis de relacionamento emocional em consultas de atenção primária, o que diminuía as chances de se engajarem no tratamento e em mudanças de comportamento. Outros estudos apontaram as consequências do estigma do peso e do preconceito médico, entre elas: perda de confiança (Gudzune *et al.*, 2014) por parte dos pacientes, que se sentem julgados pelos profissionais; piora dos quadros de obesidade (Puhl; Suh,

2015); e aumento dos índices de mortalidade (Sutin; Stephan; Terracciano, 2015). Conclusão segundo os levantamentos: os médicos tratam menos pessoas gordas, pessoas gordas procuram menos os médicos.

Nem só o IMC importa

Bem, você deve ter notado que usei a palavra "gorda" sem me desculpar por isso. Explico: simplesmente não classifico esse adjetivo como ofensa, mas como uma característica como qualquer outra (loira, morena, baixa, alta, etc.). E, antes de começar a falar sobre estigma do peso e gordofobia, gostaria de reforçar que nada do que eu disser aqui é com o intuito de amenizar ou romantizar a obesidade; muito menos, de negar o que a ciência já descobriu até agora com relação às doenças associadas a ela, como diabetes e problemas cardiovasculares e nas articulações, além de alguns tipos de câncer.

Então, vamos começar do começo. Segundo a Organização Mundial da Saúde, "o sobrepeso e a obesidade são definidos como o acúmulo anormal ou excessivo de gordura que apresenta risco à saúde. Um Índice de Massa Corporal acima de 25 é considerado sobrepeso e acima de 30 é obeso" (WHO, 2024).

O IMC, utilizado para indicar se a pessoa está com o peso considerado "ideal" para sua altura, tem um cálculo simples: peso ÷ altura × altura. Por exemplo: uma mulher de 1,60 metro que pese 70 quilos vai ter IMC de 27, ou seja, já é considerada alguém com sobrepeso. Assim como a OMS, muitos órgãos e boa parte da comunidade médica ainda utilizam esse índice como uma das principais métricas de saúde. Parece um pouco óbvio: se você está com excesso de peso, está se colocando em risco – conscientemente – para todas as doenças que citei há pouco.

Só que, na prática, não é bem assim. Primeiro porque o peso pode não dizer muito a respeito de marcadores importantes de saúde, como pressão arterial, colesterol, glicemia, etc. Segundo, porque o IMC não leva em consideração outros indicadores relevantes e que influenciam diretamente o peso – como gênero, idade, proporção do corpo e distribuição da gordura. Uma analogia simples que sempre fazem para ilustrar essa "deficiência" do IMC é o corpo de um halterofilista. Mesmo havendo mais massa magra do que gordura, os músculos pesam. Assim, o cálculo do IMC pode ultrapassar os 30, e, dessa forma, ele seria considerado obeso.

Muitos profissionais de saúde vêm contestando a eficácia do IMC. Recentemente, a revista de medicina *The Lancet* publicou um documento, assinado por uma comissão de 58 especialistas, propondo a redefinição dos critérios de diagnóstico de obesidade (Definition [...], 2025). O que diversos estudiosos argumentam é que a abordagem centrada no peso não está melhorando a saúde das pessoas. Ao contrário, tem fortalecido a indústria das dietas, aumentando o preconceito e centrando toda a culpa no indivíduo.

Cultura das dietas

A cultura das dietas é formada por uma série de crenças e mitos a respeito de alimentação e emagrecimento. O excesso de informação sobre o que devemos comer, amplificado pelas redes, sobrecarrega as pessoas. Olhando pelo lado positivo, vemos um aumento da compreensão sobre as escolhas alimentares e sua influência na qualidade de vida. Em contrapartida, aumentaram as "paranoias" nesse campo. O que ouço com frequência de nutricionistas que entrevisto é que muitas pessoas já perderam a noção do que comer. Sentem-se confusas, culpadas, frustradas e, sobretudo, famintas. Separei aqui alguns exemplos que conheci ao longo dos anos escrevendo sobre comportamento alimentar.

A lenda do alimento engordativo

Entre os mitos que são propagados, talvez o mais engenhoso seja o que separa alimentos entre "bons" e "ruins". Os primeiros não engordam; os outros, sim. Isso é uma lenda que pode ser muito lucrativa: o mercado de alimentos *fit* e suplementos é milionário, e, ao mesmo tempo, o conceito do que é entendido como "saudável" se perdeu muito nas últimas décadas. Muitos dos produtos que nos foram apresentados como emagrecedores e promotores de saúde nem sempre são as melhores alternativas do ponto de vista nutricional. Grande parte desses itens considerados "bons" ou "pouco engordativos" é industrializada e traz rótulos convincentes, com palavras como "*diet*", "*light*", "zero açúcar", "zero gordura", "zero lactose", "sem glúten", "menor teor de sódio", "enriquecido com vitaminas e sais minerais", etc. Claro que boa parte deles também tem seu valor, especialmente para pessoas com intolerâncias, alergias e outras condições de saúde que de fato exigem certas restrições (Ministério da Saúde; UFMG, 2016).

Só que a ciência tem demonstrado que, quanto mais natural for um alimento – ou seja, quanto menos processado for –, melhor para a saúde, conforme recomenda o *Guia alimentar para a população brasileira*. Esse guia, respeitado e elogiado internacionalmente, tem entre seus méritos a forma como classifica os alimentos. Em vez daquela clássica pirâmide com separações por grupos alimentares, ele sugere uma divisão por nível de processamento: *in natura*, minimamente processados, processados e ultraprocessados (Ministério da Saúde, 2014).

O que é *in natura* você encontra na feira, nas hortas e nos sacolões, como legumes e verduras, frutas, leite, ovos, peixes, carnes, grãos, tubérculos e raízes. Para beber, água. Ou seja, o "saudável", muitas vezes, está mais próximo da comida das nossas avós do que da comida das *influencers*. E é muito mais gostoso também (na minha humilde opinião) do que produtos com sabores superartificiais.

Só que o *in natura* não tem tanto apelo comercial quanto os industrializados, que são produzidos em larga escala e têm um custo de produção baixo e um forte suporte publicitário. Além disso, *cookies*, *shakes*, chás e uma infinidade de alimentos considerados "emagrecedores" ou "controladores de apetite" são atrativos porque acabam sendo associados a "dicas de saúde" sem embasamento científico.

E é aí que tudo vira uma baita confusão. Quando você se dá conta, está comprando alimento sem glúten, mesmo não sendo celíaca; sem lactose, mesmo sem ser intolerante; *diet*, mesmo sem ser diabética. E, o pior de tudo, está enxergando a comida como um punhado de nutrientes em vez de uma parte deliciosa da vida.

Nutricionismo

Se você é ligada em dicas de dietas, certamente já evitou comer um prato de espaguete no jantar, porque "carboidrato à noite engorda", ou ampliou a ingestão de frango ou ovos, por exemplo, porque ouviu que "proteína ajuda a ganhar massa". Minha ideia aqui não é discutir a veracidade desses fatos, mas falar um pouco sobre o conceito de "nutricionismo".

O termo, que combina as palavras "nutrição" e "reducionismo", foi criado pelo professor e pesquisador australiano Gyorgy Scrinis e popularizado pelo livro *Em defesa da comida*, do norte-americano Michael Pollan (2008), considerado um dos maiores nomes da literatura contemporânea na área de alimentação. O nutricionismo, também conhecido como reducionismo alimentar, consiste em uma abordagem que reduz os alimentos aos seus nutrientes, como proteínas, carboidratos e vitaminas. Segundo o autor, isso tem deixado as pessoas mais confusas. Pensar os alimentos dessa forma simplista reduz a percepção da qualidade alimentar, porque desconsidera fatores sociais, econômicos e científicos (Scrinis, 2013). Não vou me aprofundar em cada um desses elementos, mas proponho um exemplo usando a perspectiva regional.

O Brasil é um país com dimensões continentais, então as particularidades alimentares de cada lugar deveriam ser levadas em conta. Em algumas regiões, por exemplo, a mandioca é consumida no café da manhã no lugar do pão. Uma pessoa que está tentando cortar carboidratos, um dos nutrientes mais demonizados pela cultura das dietas, pode achar uma boa ideia substituir esse alimento por um *shake low carb* ou algo do tipo. Será que é uma boa troca? Além de a mandioca ser um alimento *in natura* altamente nutritivo, nesse contexto ela tem um valor que vai muito além das calorias. Tem o sabor da cozinha típica; a valorização do ingrediente nativo – que traz benefícios sociais e ambientais; o frescor e a riqueza nutricional do alimento produzido regionalmente; as tradições e os costumes que passam de avó para mãe e de mãe para filha. Ah, claro, tem mais uma coisinha. Mandioca é uma delícia. Em que momento perdemos essa conexão com a comida?

Culpa ao comer

A visão reducionista dos alimentos também faz com que as pessoas acabem associando a comida a sentimentos negativos e percam a noção das suas verdadeiras necessidades e vontades. A busca por uma alimentação "perfeita" traz muitas consequências ruins, como a culpa ao comer e a instalação de hábitos nocivos à saúde, como exageros e "dias do lixo" seguidos de restrições excessivas, jejuns "infinitos" e dietas *detox* sem acompanhamento médico (e sem o menor sentido).

Essa coisa de querer "limpar o corpo" das "impurezas" trazidas pela comida não é um fenômeno atual. A linha entre saúde e beleza sempre foi tênue, e a frase "você é o que você come", que já ouvimos tantas vezes, ilustra bem isso. Embora essa ideia tenha o seu valor, afinal nossas escolhas alimentares influenciam diretamente nossa saúde, é preciso saber que nem sempre temos as condições ideais para nos alimentarmos "corretamente", como propagam as *influencers* e *coaches* de emagrecimento. Como dito anteriormente, existem muitos fatores envolvidos; então, acaba sendo muito mais fácil para uma pessoa rica se alimentar bem, pois consegue terceirizar essa tarefa (muitas vezes, com nutricionista, cozinheira e funcionária do lar), enquanto uma mulher comum por vezes nem tem tempo para sentar e tomar um café da manhã decente.

Não estou dizendo que ter dinheiro é a única forma de conseguir estabelecer uma rotina alimentar equilibrada e tranquila, mas é preciso estar atenta para não se colocar ainda mais pra baixo e achar que é uma fracassada só porque não consegue ter a "disciplina" da blogueira. *Spoiler*: não é só disciplina, é também privilégio. Por isso, não faz sentido algum se comparar com o que vemos nas redes sociais. *Trends* do tipo "o que eu como em um dia" não têm o menor cabimento, porque desconsideram inúmeros fatores que estão por trás de cada uma das nossas refeições diárias.

Certa vez, li que algumas famosas estavam trocando a cerveja (que "engorda") pelo gim (que é "pouco calórico") sob o argumento de que assim podem continuar bebendo sem quebrar a dieta. Não sei se isso faz algum sentido do ponto de vista nutricional, mas fico me perguntando como esse tipo de "dica" pode ser mal interpretada. Frases como essa parecem absurdas, mas diariamente estão sendo propagadas por aí, como se comer fosse um enorme pecado e os alimentos fossem os grandes culpados pela nossa insatisfação diante do espelho.

Essas ideias alimentam um estado permanente de privações e exageros. É um círculo vicioso de **restrição → desejo → exagero → culpa**, conforme pontua a nutricionista franco-brasileira Sophie Deram. Quando a pessoa chega à etapa da culpa, ela volta para a da restrição, recomeçando tudo (Deram, 2024).

Foi com essa nutricionista que tive contato, pela primeira vez, lá em 2014, com a frase "dieta engorda". Na época, essa noção ainda não era disseminada no Brasil, e eu fiquei encantada com a abordagem dela sobre alimentação: leve, descomplicada e, sobretudo, feliz! Tive o privilégio de, anos mais tarde, trabalhar diretamente com a Sophie e aprendi muita coisa sobre comportamento alimentar. Ela explica que as crenças propagadas pela cultura das dietas nos fazem tentar resistir aos alimentos que consideramos "engordativos", "lixo ", "besteira" ou "porcaria". Essa restrição gera um desejo ainda maior. Aí, quando a pessoa "cai em tentação", acaba exagerando. Nesse caso, são comuns pensamentos como: "Errei. Coloquei tudo a perder. Vou enfiar o pé na jaca de uma vez!". Depois disso, novamente a culpa. E esse círculo vicioso é combustível para novas e sempre promissoras dietas. Afinal, "dessa vez vai funcionar", né?

Dietas malucas

Nada do que eu falei até agora é novidade – hoje já existe uma consciência muito maior entre os profissionais da área da saúde, além de várias evidências científicas (Mann *et al.*, 2007), de que dietas restritivas (que reduzem a ingestão calórica ou proíbem um grupo alimentar específico, como carboidrato) não funcionam. Inclusive há estudos consistentes que comprovam a ineficácia de várias delas. Uma revisão sistemática (Ge *et al.*, 2020) que incluiu a análise de alternativas como *low fat*, dieta dos pontos e paleolítica mostrou que elas até ajudam a perder peso e a melhorar alguns indicadores de saúde nos primeiros seis meses. No entanto, após um ano, os benefícios desaparecem, e as pessoas voltam a engordar (Mann, 2018).

Existem várias explicações biológicas para isso e diversos livros voltados para essa temática. Aqui, vou tentar colocar de forma simples e resumida.

É segunda-feira, dia oficial do início das dietas novas, e você decide apostar em um regime que corta pela metade as calorias que até ontem à noite estava acostumada a ingerir. Seu corpo entende assim: "Epa, tem alguma coisa errada aqui. Preciso economizar energia (calorias) para continuar funcionando!". Sim, seu corpo não sabe se é segunda, quarta ou domingo – mais um motivo pelo qual não fazem sentido algum práticas como "dia do lixo". Ele também não faz ideia se você está de férias, comendo de forma relaxada e abundante, ou no meio do apocalipse zumbi, sem acesso algum a qualquer tipo de alimento. Ele só quer saber se você vai ingerir a quantidade de energia necessária para continuar tocando suas funções vitais. Se você abruptamente reduz pela metade a ingestão de calorias sem acompanhamento médico, a única coisa que seu organismo pode fazer é tentar se defender dessa escassez de nutrientes. E, para isso, ele reduz o gasto calórico e acumula gordura, que é seu recurso de proteção. Em outras palavras, você acaba ensinando o corpo a trabalhar com menos energia do que ele necessitaria em condições normais (Leibel; Rosenbaum; Hirsch, 1995), porque diante dessa privação toda ele vai precisar se adaptar. Como resultado, para continuar perdendo peso, você vai precisar comer cada vez menos, para que seu corpo volte sempre a passar por essa adaptação metabólica. Nem preciso dizer que isso não tem futuro, certo? Você perdeu peso. Legal! Mas e aí? Vai passar a vida tentando diminuir a ingestão calórica, e por escolha própria? Será que isso é sustentável a longo prazo?

Aí você pode argumentar que às vezes uma dieta restritiva é "necessária" para um evento pontual, como um casamento, formatura, férias, etc. E pode até ser que a dieta restritiva ajude a entrar no vestido ou a se sentir bem no biquíni. Mas a longo prazo isso vai ter um preço.

Uma dieta restritiva pode desencadear uma série de mudanças hormonais e cognitivas, alterando seu metabolismo e deixando-o mais "eficiente" em trabalhar com menos calorias (DeLany *et al.*, 2013). Então, se você voltar a comer da forma que comia antes da dieta, vai ganhar peso, pois seu corpo está operando no "modo econômico", ou seja, guardando energia em razão de um metabolismo mais lento.

Um clássico exemplo da ineficácia desse processo é um estudo com participantes do programa *The Biggest Loser* ("O maior perdedor"), um *reality* norte-americano que premiava quem perdesse mais peso. Pesquisadores analisaram os participantes seis anos após sua participação e comprovaram que, mesmo depois de todo esse tempo, o corpo ainda demonstrava alterações metabólicas em decorrência das dietas praticadas no período do programa (Fothergill *et al.*, 2016). Ou seja: você faz a dieta hoje, mas vê as consequências por um bom tempo. Não é à toa que o efeito sanfona é uma das reclamações mais constantes de quem faz dieta e pode trazer vários prejuízos à saúde, como um ganho de peso ainda maior e acúmulo de gordura na região abdominal (Cereda *et al.*, 2011). Por isso, é interessante ter senso crítico com qualquer plano alimentar que se apresente como a solução de todos os problemas.

As "canetinhas milagrosas"

Ainda que você não tenha qualquer interesse sobre o tema do emagrecimento, é quase impossível ter passado ilesa à febre do uso da semaglutida que atingiu o Brasil e o mundo a partir de 2023. O medicamento, originalmente desenvolvido para tratar a diabetes tipo 2, traz como um dos efeitos colaterais a perda de peso, uma vez que aumenta a sensação de saciedade e reduz a fome (Nova [...], 2022). Assim, passou também a ser receitado para pacientes obesos ou com sobrepeso (Wegovy, 2023).

Só que, como todo modismo ligado à perda de peso, as famosas "canetinhas" geraram também toda sorte de "efeito colateral" na nossa sociedade. Faltou medicamento nas prateleiras devido à alta demanda, ao passo que aumentaram os roubos em farmácias (dado o valor elevado do produto), assim como a falsificação e a pirataria (Novo Nordisk Farmacêutica do Brasil, 2025; Onda [...], 2025; Anvisa alerta [...], 2024). Isso sem contar a onda de *hate* e *body shaming* direcionados às celebridades que, declaradamente ou não, fizeram uso da semaglutida e surgiram do dia para a noite, nas redes sociais, com uma silhueta muito emagrecida.

Como um dos temas centrais deste livro é pressão estética, o que está sendo discutido aqui não é a indicação médica para pacientes que realmente precisam desse tipo de medicamento. O que destaco, mais uma vez, é a banalização de qualquer coisa que surja como um "novo milagre" sendo utilizada para fins estéticos. Segundo a nutricionista comportamental Ana Carolina Orsini,

> muitos médicos com o estigma do peso internalizado "compram" a ideia de magreza excessiva e acabam receitando esse tipo de remédio a pessoas que não possuem necessidade médica, ou que já estão dentro de um padrão magro. Já recebi queixas de pacientes eutróficos [dentro de um IMC considerado saudável] que haviam recebido indicação do medicamento por médicos. (Orsini, 2025)

Como já observado em outros capítulos deste livro, o leque de soluções vendidas às mulheres como supostos atalhos para chegarem ao "corpo perfeito" só aumenta. E essas tendências ganham muita força nas redes sociais. Diversas *trends* no TikTok, por exemplo, exaltam a magreza extrema e o uso da semaglutida como um método viável para alcançar esse corpo. (Basch *et al.*, 2023; Wigmore, 2024; Duboust; Huet, 2023).

A doutora em Endocrinologia Maria Edna de Melo, médica assistente do Grupo de Obesidade e Síndrome Metabólica do Hospital das Clínicas da Faculdade de Medicina da Universidade de São Paulo (FMUSP), observa:

> Além dessa exposição dos corpos irreais, temos a divulgação de muita informação a respeito da medicação. As pessoas não se dão conta de que essa influência existe, elas não têm essa percepção. Na maioria das vezes, a pessoa chega ao consultório usando porque alguém passou para ela, até mesmo na academia. Geralmente é algum amigo, familiar, alguém do seu círculo. Mas a sementinha, a ideia, com certeza as redes sociais contribuem para isso. (Melo, 2025)

Medo de engordar: um efeito colateral que não está na bula

Um dos impactos da utilização de medicamento para emagrecer é o famoso medo que algumas pessoas têm de voltar a engordar se pararem de tomá-lo ou de ele perder o efeito após certo tempo de uso.

> O que acontece, na verdade, não é uma dependência psicológica, é uma dependência biológica mesmo. Porque a medicação ajusta a fome para baixo, então a pessoa vai comer menos e vai perder peso. Só que o nosso corpo registra o peso máximo e vai tentar voltar para aquele peso. O corpo tende a se defender, é uma tendência biológica. Então, a fome e a vontade de comer voltam, porque o medicamento para de fazer efeito. (Melo, 2025)

E, apesar de a semaglutida provocar, de um modo geral, uma perda de peso significativa, com a interrupção do uso a tendência é o reganho, como já demonstram alguns estudos (Bergmann *et al.*, 2023; Wilding *et al.*, 2022).

> O medicamento só faz efeito enquanto se toma, e isso serve para qualquer medicação. O que eu aconselho para as pacientes: é preciso reestruturar a rotina. É essencial a atividade física para a manutenção de peso perdido, precisa ser diária, com uma boa carga de musculação e também exercício aeróbico. Tem que reorganizar a alimentação da família. (Melo, 2025)

Ana Carolina Orsini acrescenta que existem relatos de pacientes que desenvolveram osteoporose devido à baixa porcentagem de gordura corporal, além de desnutrição, falta de vitaminas, queda de cabelo e problemas gastrointestinais. "Ou seja, prejuízos bem semelhantes aos de quem faz dietas muito restritivas por muito tempo" (Orsini, 2025).

O fato é que emagrecer, seja por meio de medicamentos ou de uma dieta radical, não resolve os problemas emocionais que muitas vezes estão em camadas mais profundas da nossa psique, como observa a nutricionista comportamental Raquel

Labonia. "Tive pacientes que pararam o tratamento comigo para comprar a caneta, inclusive pacientes que tinham transtornos alimentares. Trocaram uma coisa pela outra, e no fim não adiantou nada" (Labonia, 2025).

Diante de todos esses desdobramentos, em abril de 2025 a Agência Nacional de Vigilância Sanitária (Anvisa) decidiu que a venda das canetinhas passaria a exigir receita, tal qual é feito na comercialização de antibióticos. Durante a reunião da Anvisa, foram apresentados dados de um levantamento segundo o qual 45% dos entrevistados que utilizam a semaglutida disseram fazer a aplicação sem prescrição médica, e 56% dos consumidores ouvidos relataram que o uso é só para a perda de peso (Martínez-Vargas, 2025).

Reforço que não estou demonizando aqui o uso de medicação para pessoas que de fato têm recomendação profissional especializada. Mas é importante estarmos atentas para o quanto normalizamos determinadas práticas – até mesmo a de tomar remédio sem necessidade, sem acompanhamento, falsificado ou correndo o risco de não conseguir dar continuidade por questões financeiras.

> Outro dia me chamou muita atenção porque eu estava caminhando pela rua, em São Paulo, passei por um barzinho e havia uma rodinha de pessoas magras falando que usavam [a semaglutida]. Elas estavam ali conversando, com uma naturalidade que me fez pensar sobre a mentalidade da dieta. É tão comum a gente se reunir para falar que está fazendo dieta "tal". Mas acho que isso está se deslocando. Não que não exista mais a mentalidade da dieta, mas ela está aperfeiçoada, agora com medicações e procedimentos estéticos. Então, o nível de exigência só cresce. Não é mais sobre fazer uma dieta da lua, do ovo, do miojo. É só uma nova roupagem. (Vargas, 2025)

Comer transtornado

É interessante notar como a esfera física e a emocional estão interligadas quando o assunto é alimentação. Vou usar como exemplo a questão hormonal. Estudos mostram que, em resposta à redução calórica drástica, os níveis de leptina (hormônio da saciedade) diminuem, ao mesmo tempo que os de grelina (hormônio da fome) aumentam (Greenway, 2015).

Já percebeu que quem está em dieta restritiva está sempre com fome? Falo por mim mesma: apesar de nunca ter feito uma dieta maluca, todas as vezes que tentei reduzir calorias por conta própria eu passava 100% do meu dia pensando em minha próxima refeição. E é aí que entra o impacto mental.

> No longo prazo, as dietas não ajudam a alcançar saúde e boa forma. Ao invés disso, elas promovem diversas consequências negativas – clínicas, metabólicas e emocionais, podendo levar até a um aumento de peso pelo efeito sanfona, desregulação dos nossos sinais internos de fome e saciedade e obsessão pela comida, com possível desenvolvimento de episódios de descontrole e compulsão alimentar, e precipitação de TA [transtorno alimentar]. (Alvarenga; Figueiredo; Polacow, 2019, p. 74)

Pensar em comida pode ser uma delícia, desde que você tenha uma boa relação com ela. Quando se torna uma fixação gerada pela fome, pode virar um problemão. Daí você pode desenvolver o chamado "comer transtornado", que não chega a cumprir os critérios para ser classificado como um transtorno alimentar, mas pode trazer grandes prejuízos.

> O comer transtornado seria um meio-termo entre um comer normal (em que o indivíduo mantém um peso constante e saudável e tem boa relação com a comida) e o outro extremo, um

transtorno alimentar (caracterizado por desvios sérios de comportamento relacionados à alimentação). (Orsini, 2021a, p. 36)

Mas o que seria um "comer normal"? Estamos tão desorientadas com relação ao que comer que perdemos essa noção de algo que um dia já foi tão natural e instintivo. Passamos a confiar mais em dicas externas do que no nosso próprio corpo (e, se você o ouvir direitinho, ele fala o que está precisando!).

Pensando nessa confusão toda, a nutricionista norte-americana Ellyn Satter, considerada uma autoridade na área de alimentação, desenvolveu uma espécie de "10 mandamentos" do que seria "comer normal". Esses "mandamentos" são frequentemente citados por nutricionistas da área comportamental, e você pode encontrá-los no site da especialista (Ellyn Satter Institute, *on-line*). Mas escolhi destacar aqui a recomendação que considero mais simples e básica – assim como deveria ser nossa alimentação: "Comer normal é algo que toma parte do seu tempo e atenção, mas mantém seu lugar como apenas uma área importante da sua vida" (Ellyn Satter Institute, *on-line*).

Portanto, se você anda colocando um peso muito grande nessa área, talvez seja uma boa se perguntar se há algo de errado. Pelo fato de o comer transtornado não ser considerado um transtorno alimentar, seus sintomas não constam do *Manual de diagnóstico e estatístico de transtornos mentais* (DSM-5), da Associação Americana de Psiquiatria, que é o guia mais utilizado por profissionais da área. No entanto, especialistas já reconhecem alguns padrões de comportamento que podem ser considerados sinais de alerta. Reuni aqui alguns deles, extraídos dos livros *Transtornos alimentares*, da nutricionista

Fernanda Timerman (2021), e *A cultura da dieta é tóxica*, de Ana Carolina Orsini (2021a). Avalie se você se reconhece em algum ou alguns:

- pula refeições;
- pratica jejuns ou dietas muito restritivas;
- conta as calorias de tudo o que come;
- restringe grupos alimentares inteiros, como carboidratos e, às vezes, até frutas;
- é muito rígida com a alimentação (inflexível com horários, permitindo-se comer somente alguns tipos de alimento);
- recusa-se a comer fora de casa ou em restaurantes;
- usa laxantes, diuréticos e inibidores de apetite com o objetivo de emagrecer e sem indicação médica;
- tem episódios de exagero ou compulsão alimentar e, logo depois, sente emoções negativas, como culpa, ansiedade, vergonha e medo;
- tem uma rotina de exercícios muito pesada;
- tem a autoestima muito focada no peso e no formato do corpo.

Analisando esses sintomas, concluo que "comer transtornado" é se preocupar demais com comida, notando prejuízos em outras áreas da sua vida – justamente o oposto da recomendação de Ellyn Satter que escrevi parágrafos atrás.

Ao apresentar essa lista aqui, não estou de forma alguma incentivando você a se autodiagnosticar. É apenas um sinal de alerta para que você procure ajuda de um especialista ao notar que a alimentação tem trazido mais preocupação do que prazer.

Comer emocional

A comida também é muitas vezes utilizada para alimentar nossos vazios emocionais. Sabe aquela vontade de comer alguma coisa gostosa – que você muitas vezes nem sabe dizer o que é – quando se sente entediada, triste, cansada, ansiosa? Essa é a fome emocional.

Segundo a psicóloga Graziela Dassoler, especialista em obesidade e transtornos alimentares pela FMUSP,

> a fome física é aquela fome que traz sinais do corpo, como sentir o estômago roncar, tontura, fraqueza. Normalmente, essa fome a gente consegue esperar. A fome emocional é aquele desejo de comer alguma coisa urgente. Existe um desconforto de emoções, que pode ser um estresse, uma tristeza e até mesmo uma alegria. Mas a pessoa não sabe como lidar com aquilo, então vem uma vontade de comer alguma coisa. Geralmente, o que acontece: mesmo comendo, ainda fica com a sensação de "Hum, não tô satisfeito", ainda não era aquilo. Porque na verdade é uma tentativa de lidar com uma emoção, e não como uma fome física realmente. (Dassoler, 2021)

Uma análise feita pela American Psychological Association (APA) mostra que tendemos a comer mais comidas "não saudáveis" do que os homens durante momentos estressantes (Medaris, 2023). Aqui, uso "não saudáveis" entre aspas porque, a essa altura, eu espero que já esteja claro que o conceito de "saudável" tem mais a ver com contexto, quantidade e frequência do que com nutrientes analisados de modo isolado. De qualquer forma, o comer emocional geralmente está associado a alimentos com alto teor de açúcar, sal e gordura – o que geralmente encontramos em itens industrializados.

Existem algumas razões biológicas que explicam o fato de procurarmos nos confortar com uma barra de chocolate ou um pedaço de pizza, e não com uma salada de folhas verdes. Alimentos doces, salgados e gordurosos ativam o sistema de recompensa do cérebro, que libera dopamina e nos traz uma sensação imediata de prazer (Singh, 2014). Essa sensação fica registrada, e, por esse motivo, queremos sempre repetir a experiência.

Outra explicação tem a ver com o fato de o nosso cérebro exigir mais energia quando nos encontramos em situações estressantes (Peters, 2019). E a forma mais simples e rápida de conseguir isso é consumindo carboidratos simples. Por isso, um pãozinho quente ou um *croissant* crocante nos parecem tão sedutores nesses momentos. Então, se você "recompensar" seu cérebro com algo gostoso toda vez que se sentir pra baixo, poderá acabar gerando um gatilho emocional, afinal hábitos são criados a partir da repetição.

Por esses motivos, reforço que o conceito de "saudável" e "não saudável" precisa levar em consideração o contexto. Comer um monte de doce de forma descontrolada, sempre que identificar o menor sinal de estresse, pode não ser saudável a longo prazo. Agora, comer doces em uma festa, divertindo-se e feliz, pode ser algo muito saudável.

Usar a comida como um recurso para tapar os buracos emocionais acaba, no final das contas, gerando ainda mais culpa e autodepreciação. E distancia as mulheres de uma boa relação com a comida e com o seu próprio corpo. Muitas acabam perdendo as noções de fome e saciedade, nem mesmo sabendo diferenciar quando a fome é física ou psicológica.

Coisas como "O que eu gosto de comer?", "O que eu quero comer?", "Qual a quantidade de comida de que preciso nesse momento?", que deveriam ser perguntas fáceis de responder, viram grandes preocupações, roubando nosso tempo e nossa energia. Acabamos delegando nossa alimentação a terceiros, confiando menos nos nossos próprios sinais e mais em dietas genéricas muitas vezes propagadas em perfis na internet e redes sociais.

Experiências e relatos

FLOR *(nome fictício)*

21 anos
Estudante de psicologia
Mogi das Cruzes – SP

"Parte da minha adolescência foi regada pelo Instagram, e, com isso, uma imagem de perfeição inexistente criou-se. Aos 15 anos, tive problemas psicológicos, anorexia e depressão. [...] Toda essa época é um borrão na minha mente, as coisas que lembro gostaria de esquecer. Minha identidade se perdeu em boa parte, e eu precisei de muito esforço para me estabelecer novamente. Passei a odiar tudo em mim. [...] Aos 18, resolvi desinstalar o Instagram. Fiquei muitos meses sem usar. Atualmente, já não é um problema para mim, mas eu não uso muito nem sigo as blogueiras maravilhosas com a vida perfeita. [...] Hoje, estou bem."

JULIANA RANGEL

35 anos
Redatora publicitária
São Paulo – SP

"Com 23 anos, já tinha tentado de tudo e não conseguia perder peso. Naquela época, um tio tinha feito bariátrica. Claro que ele só me contou a parte boa da cirurgia. [...] Fiz todos os exames necessários. Eu não tinha problema de saúde, mas, mesmo assim, minha cirurgia foi aprovada. [...] Meu cabelo caiu, as unhas ficaram fracas, não tinha energia para fazer nada. Meus seios caíram, fiquei com muito excesso de pele, vivia de cinta e escondendo meus braços. Mas as pessoas me elogiavam, porque, afinal, eu estava magra. Aos poucos fui me dando conta do que significava ter cortado parte do meu estômago. Com isso, vieram muitos problemas psicológicos, porque eu não me reconhecia mais no espelho. Eu realmente me perdi de mim. [...] perdi o prazer de comer, e isso foi uma das piores coisas que me aconteceram. [...]. Eu fiz errado ao focar sempre em emagrecimento, e não em saúde. Toda vez que me exercitei por odiar meu corpo, eu largava, pois não ficava com corpo padrão do dia para a noite. Teria continuado devagar e sempre, com os exercícios que me faziam feliz. É o que faço hoje. [...] Me afastei de pessoas tóxicas, parei de seguir perfis *fitness*, comecei a seguir pessoas com o meu corpo, com meu modo de pensar. E me libertei."

8

Cultura das dietas: clique para "desver"

"Só quando completei 30 anos que tive o diagnóstico de anorexia. Mesmo assim, ainda tinha gente que me elogiava muito, e falavam que queriam ser magras como eu para comer de tudo. Às vezes, a gente tem essa ilusão de que vai emagrecer para poder comer mais."

Neste capítulo:

- Enxergar comida como comida
- Alimentação caseira e autonomia
- Peso natural

Comida não é lixo

Eu adoro comer. Não quero, com isso, dizer que como muito, mas que como com prazer, com qualidade, que não passo vontade e que há muito tempo já não tenho sentimentos como culpa ou arrependimento por ter exagerado. Também não estou aqui para dizer que minha alimentação é perfeita. Aliás, se alguém disser isso, duvide. Como eu disse no começo do livro, desde a infância minha relação com a comida foi boa, de um modo geral. Ainda assim, não estou livre de momentos de "comer emocional", de engordar ou emagrecer por puro estresse ou ansiedade, de não ter tempo para nada, muito menos para planejar a alimentação da semana. O que me salva nessas horas e me faz sempre querer priorizar esse campo da minha vida é a minha genuína paixão pelo ato de comer.

Isso ficou ainda mais claro para mim quando comecei a escrever sobre alimentação e pude conhecer profissionais que estavam começando a falar sobre nutrição comportamental no Brasil, no ano de 2014, e trabalhar com essas pessoas. Como sou apaixonada por comportamento humano, identifiquei-me de cara com essa abordagem. A área comportamental vai um pouco na contramão das dietas restritivas e da contagem de calorias, porque considera o contexto individual de cada paciente. É aquela história de que, embora duas bananas possam ter, cada uma, a mesma quantidade de calorias, a forma como o corpo metaboliza essas calorias varia de pessoa para pessoa. Assim, o foco dessa forma de fazer nutrição não é o peso, mas a saúde de um modo geral e o comportamento diante da comida. Escrevendo sobre isso, aprendi que a forma como comemos é tão importante quanto o que comemos.

Sou uma pessoa que acredita no poder dos hábitos – e que também é possível mudá-los, mesmo na idade adulta. Por isso, falar de alimentação sem falar de comportamento é praticamente impossível, a meu ver. O que você verá neste capítulo é fruto de pesquisas, conversas com profissionais da área e entrevistas com especialistas que também enxergam a alimentação por essa ótica. Fiz um resumo do que considero sugestões verdadeiramente úteis, tentando ao máximo ser ponderada e respeitando as mais diversas realidades existentes nesse nosso Brasilzão.

É sempre bom lembrar que os alimentos que temos disponíveis no prato não têm a ver só com questão de "força de vontade" ou "foco na dieta". Têm a ver com o lugar onde você mora, sua condição financeira, o tempo de que você dispõe para cozinhar, sua rotina, seu momento de vida e tantas outras coisas...

Então, aqui não tem espaço para comparação com a alimentação da blogueira. Tire isso da mente, pois só traz mais frustração. Convido você a se desligar das referências externas e se concentrar somente, e exclusivamente, no *seu* contexto.

Não sou nutricionista, de modo que não tenho a pretensão de fornecer uma receita do que seria uma alimentação adequada nem oferecer uma tese profunda sobre isso. Minha proposta é de que este capítulo seja um ponto de partida para coisas em que você pode se aprofundar, caso tenha interesse e curiosidade de saber mais sobre hábitos alimentares. Meu desejo é ajudá-la a "desver" certas coisas que a indústria das dietas acaba nos vendendo como verdades absolutas e que são divulgadas na internet. E, dessa forma, voltar a enxergar comida como comida, e não como um punhado de nutrientes carregados de símbolos negativos e de culpa. Organizei este capítulo em três grandes pilares que, de alguma forma, relacionam-se entre si e influenciam as nossas escolhas alimentares: comportamento, cozinha e peso.

Comportamento

Desde que comecei a escrever sobre alimentação, tornei-me ainda mais atenta à relação das mulheres com a comida (e, também, à minha própria). Para mim, é muito claro que o problema muitas vezes não está nos alimentos em si, mas no significado que eles carregam. Para ilustrar o que estou querendo dizer, pensei em dois exemplos hipotéticos.

- **Exemplo 1:** uma mulher casada, na faixa dos 30 anos, acaba de ter o segundo filho. Ela está 100% sobrecarregada e focada no bebê e, por isso, não conseguiu retomar uma rotina de alimentação adequada. Além disso, é a responsável pelas refeições do restante da família. Assim, algumas vezes na semana ela recorre ao *fast-food*. Sente-se culpada por isso, come sem vontade, sem prazer, sem sentir o gosto. Ao mesmo tempo, cultiva, dentro de si, o pensamento: "Minha alimentação não tem mais jeito. Eu nunca vou conseguir emagrecer. Sou uma fracassada".
- **Exemplo 2:** uma mulher solteira, na faixa dos 40 anos, tem uma vida social muito ativa e, quando sai, não consegue se controlar: come muito e ingere muito álcool. Nos dias que se seguem, vive de jejum ou de sucos *detox*. No fim das contas, a semana se divide em dias de completo exagero ou de restrição/punição total.

O que esses dois casos têm em comum? Se você respondeu a culpa, acertou. Mas existe também uma diferença entre eles: no primeiro caso, a mulher acredita que está fazendo tudo errado e que sua alimentação não tem mais jeito. Desistiu de cuidar do próprio corpo, em vez de encarar o momento como uma fase. No segundo, ela ainda não "desistiu" do próprio corpo, mas a alternativa que buscou é se autopunir com restrições em vez de tentar investigar o que motiva os exageros nas festas. Deu para entender o quanto o significado da comida e o nosso comportamento pesam nas nossas escolhas? É por isso que precisamos ressignificar, "desvendo" tudo o que a cultura das dietas nos ensinou. Existem muitos livros bons nessa área, de nutricionistas, psicólogos, psiquiatras e outros profissionais (muitos estão nas referências bibliográficas), então acredito que não preciso colocar aqui informações que já foram escritas (e muito bem, por sinal!). Mas queria deixar registradas aqui algumas coisinhas que eu acho que valem a pena serem aprofundadas com futuras leituras e estudos, caso você esteja tentando melhorar sua relação com a comida.

Uma boa alternativa é, gradativamente, ir diminuindo o consumo de alimentos industrializados e incluindo mais alimentos naturais, para que o paladar vá se acostumando. Mas sempre lembrando que o Brasil é um país desigual. Como afirma Ana Carolina Orsini,

> é importante que os profissionais da saúde tenham consciência de classe e façam o seu melhor para que seus pacientes tenham educação nutricional e saibam escolher bons alimentos, mas sem apontar o dedo e julgar caso uma família tenha condição de comprar apenas ultraprocessados. Ter qualquer alimento à mesa é melhor do que passar fome. (Orsini, 2021b)

Então, se você fala que só comeu "lixo" no fim de semana, é bom lembrar que para muita gente esse "lixo" vale ouro. Esse senso crítico é importante também para o seu consumo de informação sobre alimentação, sobretudo nas redes sociais: *influencers* que reforçam a cultura das dietas não estão necessariamente preocupadas se você não tem condições de seguir uma alimentação parecida com a dela. Então, lembre-se: a culpa não é sua.

Temos nossa responsabilidade individual, sim, mas, para retomar nossa autonomia nesse campo, precisamos de informação. A partir do momento que você sai dessa mentalidade, vai deixando para trás, pouco a pouco, a crença nas referências externas, entendendo mais as próprias necessidades e ouvindo mais o próprio corpo. Comida é linda, comida não é lixo.

Cozinha

Quando eu tinha uns 9 anos de idade, minha mãe me colocou em cima de um banquinho, na frente do fogão, e disse: "Hoje a mamãe vai te ensinar a fazer arroz". Ela trabalhava nos fundos da nossa casa, como manicure, e atendia uma cliente atrás da outra, o dia todo. Se eu adiantasse o arroz, já era uma "mão na roda" para ela, que só finalizava o nosso almoço fazendo a "mistura" (o acompanhamento do arroz com feijão). Foi assim que eu dei meus primeiros passos na cozinha.

Não me sinto especial por saber cozinhar, mas acho que essa é uma habilidade indispensável para quem tem a intenção de melhorar a qualidade alimentar. E não estou falando sobre saber preparar pratos chiques e receitas com listas intermináveis de ingredientes. Refiro-me à cozinha do dia a dia, de "guerrilha", aquela comidinha simples e caseira que o corpo aprecia e agradece. Acredito que todo mundo é capaz de aprender esse "basicão"!

É claro, também compreendo que tem gente que simplesmente detesta cozinhar. Se esse é o seu caso, por que não tentar um meio-termo? Incluir alguns dias de comida caseira, e outros de fora? Ou então, melhor ainda, comprar comida caseira daquela sua colega que faz marmitinhas para vender? Assim, você ainda fortalece uma mulher empreendedora. O que quero dizer aqui é que o meio-termo sempre é possível quando você está aberta para isso.

Feito em casa: gostoso demais

Comida caseira, para mim, significa autonomia. Cozinhando em casa, você tem total poder sobre o alimento que vai consumir. A quantidade de sal, de gordura, o modo de preparo, o frescor do ingrediente – tudo, absolutamente tudo, está nas suas mãos.

Hoje, com os aplicativos de comida, ficou ainda mais fácil se render à preguiça. Não há problema algum em comprar comida, mas, quanto mais você cozinha em casa, mais vai conhecendo os próprios sabores, limites, quantidades e preferências. E mais você reeduca seu paladar para os sabores mais naturais. Não é à toa que diversos especialistas apontam a comida caseira como uma das principais aliadas da saúde (Monteiro *et al.*, 2018).

Um material fundamental para quem está tentando se reconectar com a comida caseira é o *Guia alimentar para a população brasileira*, que citei no capítulo anterior. Além de respeitar as particularidades regionais, ele descomplica o que a indústria das dietas complicou. Ninguém precisa ser especialista em nutrição, mas é importante saber interpretar minimamente um rótulo e diferenciar as categorias de alimentos, justamente para poder fazer escolhas melhores. E o guia deixa isso tudo muito simples. Você também vai compreender que ninguém precisa de ingredientes raros e caros para se alimentar bem.

Vamos valorizar o local: hortas comunitárias, sacolões, mercadões. Esses lugares são riquíssimos em alimentos frescos e em diversidade. E o que dizer das feiras livres? São verdadeiras instituições brasileiras, onde você também pode exercitar o seu poder de barganha negociando com os feirantes ou aproveitando a "hora da xepa". Acredite: ter comida fresca à disposição também é um privilégio. Reconecte-se com a comida brasileira. É gostoso demais!

Na prática

Agora falando um pouco sobre a parte prática da coisa: o comprometimento com a cozinha. Principalmente para quem tem o problema da falta de tempo (talvez 99% das mulheres?!?), acho que é importante pensar em prioridades. Existem fases da vida em que realmente não temos tempo para nada, mas, se a alimentação for uma prioridade para você, será necessário criar um tempinho para cuidar dessa questão.

Para isso, você vai precisar de uma dose de organização e uma capacidade mínima de planejamento. Durante uma fase da minha vida em que eu tinha muito pouco tempo e estava me alimentando muito mal, decidi fazer a minha própria comida para levar ao trabalho. As marmitas começaram a chamar atenção dos colegas, que me incentivaram a criar um *blog*. Esse *blog*, chamado "Marmiteira", foi o início do meu mergulho mais profundo na área de alimentação e comportamento alimentar.

Então, eu tirava um dia para fazer a comida da semana inteira. Geralmente, era no fim de semana. Primeiro, eu fazia uma lista de refeições que eu ia querer comer. Se o seu problema é a criatividade, use a internet a seu favor e inspire-se! Bem, depois disso, eu preparava uma lista de compras. Na sequência, mercado, feira ou sacolão. Daí ia para a cozinha e ficava lá, de três a quatro horas, lavando salada, higienizando e picando alguns legumes e frutas, preparando arroz e feijão. Fazia até iogurte caseiro nessa época e, quando sobrava um tempinho, também fazia um pão (eu tinha uma máquina de pão!). Congelava tudo em porções pequenas, para que ao longo da semana eu pudesse tirar apenas o que eu ia consumir. E, assim, eu fui ganhando prática. Essa foi a forma que eu encontrei para conseguir cozinhar a minha própria comida.

Paladar: dá para reeducar, sim!

Dizem por aí que açúcar vicia igual droga, mas eu não acredito que esse tipo de crença possa ajudar alguém a comer menos doce. Todos os profissionais da área da alimentação que eu admiro defendem o discurso da moderação. E chamar alimento de droga não é algo moderado. Uma forma mais amena de encarar isso seria realmente se dar ao direito de comer tudo o que gosta, mas sem comprometer a saúde com coisas que a ciência já mostrou que, em excesso, fazem mal, como o sal, a gordura e o açúcar. Elementos esses que ativam o nosso sistema de recompensas cerebral e estão bastante presentes nos alimentos industrializados – quanto mais você come, mais você quer comer. Não acho que isso possa necessariamente ser chamado de "vício", mas de hábito mesmo.

Por isso, quero falar um pouco sobre reeducação do paladar tomando como exemplo o açúcar, frequentemente visto como o grande "vilão" da alimentação saudável e presente até mesmo em coisas salgadas, como molho de tomate, pães, temperos concentrados e comidas congeladas, ou "saudáveis", como iogurtes saborizados, barrinhas de cereais e sucos de caixinha. Basta pegar o pacote de qualquer um desses exemplos e dar uma olhada no rótulo. Provavelmente, você vai ver algumas palavrinhas estranhas, como "glucose de milho", "dextrose" e "maltodextrina", entre outras. Isso acontece porque existem vários tipos de açúcar, e a indústria o utiliza de diversas formas, com diversos nomes. Então, quando você toma um refrigerante, por exemplo, não consegue saber exatamente a quantidade total de açúcar que está consumindo. É diferente de quando você mesmo adoça seu bolo, seu suco ou seu cafezinho e consegue decidir a quantidade que irá consumir. Assim, muitas pessoas fazem uma substituição, digamos, mais drástica, cortando todo o açúcar da alimentação e o substituindo por adoçante, com generosas e ilimitadas quantidades em tudo quanto é alimento e bebida. Só que a ciência ainda tem lá suas dúvidas sobre essa troca. Um estudo de 2019 mostrou que não há evidências científicas suficientes que demonstrem que os adoçantes artificiais tragam algum benefício para a saúde. E, o que é ainda mais frustrante, é que eles nem mesmo se mostraram eficazes como estratégia de emagrecimento (Abbasi, 2019). Sim, já é consenso que o açúcar em excesso traz enormes prejuízos à saúde, e o adoçante é indicado para pessoas que têm condições específicas, como diabetes. Mas, para quem não tem indicação médica, existe um caminho do meio entre os extremos. E esse meio-termo é tentar diminuir aos poucos o consumo do açúcar até que ele componha a alimentação como qualquer outro alimento, em uma quantidade moderada.

Para encontrar esse equilíbrio, uma das coisas em que mais acredito é a mudança de paladar. E vou te dar um exemplo de que isso é possível. Tive fases mais corridas na minha vida em que acabava lançando mão de alguns industrializados devido à falta de tempo. Na época em que o suco de uva orgânico estava na moda, eu sempre comprava de determinada marca, pois o rótulo trazia duas palavras impactantes: "natural" e "saudável". Com o tempo, e um pouco mais de conhecimento, descobri que um copo desse suco continha uma quantidade absurda de açúcar, mesmo sendo "natural". Passei, então, a diluí-lo em água pura. A cada dia, aumentava um pouquinho a quantidade de água. Depois de umas duas semanas, eu já estava tomando praticamente somente metade do copo de suco, e o restante, de água. Um belo dia, tentei experimentar o suco puro e o achei muito, muito doce. Tinha provado a minha teoria: o meu paladar tinha se adaptado. A nutricionista Raquel Labonia confirma que, em sua prática clínica, vê muito isso acontecer. "Muita gente começa pelo cafezinho, vai diminuindo aos poucos a quantidade de açúcar. No começo é desconfortável, mas vai se acostumando" (Labonia, 2021). Ela acrescenta que isso é bastante evidente quando a pessoa começa a diminuir o consumo de industrializados e aumentar o de alimentos mais naturais. Isso significa que, ao mudar seus hábitos alimentares aos pouquinhos, você pode começar a perceber uma coisa interessante: alguns sabores artificiais antes deliciosos passam a ter um sabor muito *fake*.

Parece difícil acreditar que é possível mudar os nossos gostos, mas isso pode acontecer com a tal da força do hábito. Algumas pequenas mudanças podem ser bastante úteis nesse sentido.

Persistir

Se você tem o objetivo de melhorar seu paladar e sua alimentação, precisa ter um pouco de paciência. Há um estudo interessante que mostra que, com a repetição, conseguimos mudar até mesmo a ativação do nosso sistema de recompensa (Deckersbach *et al.*, 2014).

Inventar

Se você nunca gostou de brócolis, provavelmente não vai pular de alegria ao tentar incluí-lo na sua rotina de uma hora pra outra. Então, o negócio é usar a criatividade, tentando diversos tipos de preparo, ou mesmo combinando com outros alimentos de que você gosta. Se não consegue comê-lo cozido, já tentou assado? Ou refogado na manteiga, com outros alimentos que você aprecia? Picadinho no meio do arroz, ou junto com um espaguete alho e óleo, com um pouquinho de queijo salpicado por cima? Dê uma chance para o seu paladar, você pode se surpreender.

Reconfigurar

Mudar a configuração da sua geladeira e da sua despensa é algo bastante importante nesse processo. De nada adianta você se comprometer a comer mais alimentos naturais e continuar lotando a sua casa de produtos industrializados. É a lei da oferta e da procura: na hora da fome, você vai comer qualquer coisa que tiver na frente.

Permitir-se

Diminuir o consumo de alimentos industrializados não quer dizer que você precise excluí-los completamente da alimentação. Acho que já ficou claro aqui que essa "demonização" não tem ajudado as pessoas a comerem melhor. Outra coisa que já ouvi de muitos profissionais da área comportamental é que é preciso também saber ouvir o nosso corpo quando temos algumas vontades específicas. As substituições, nesse caso, geralmente não dão muito certo. Por exemplo, você está com vontade de comer um pudim de leite e tenta "enganar o cérebro" com algo doce. Então, resolve comer uma gelatina, uma fruta, ou um "docinho *fit*", industrializado, que imite ou lembre o sabor de um pudim. *Hello*, o cérebro não é burro! Então, você pode até comer outra coisa, mas é provável que continue com o pudim na cabeça. Como resultado, a vontade aumenta, e, quando se deparar com o "objeto de desejo", você vai comer o dobro do que comeria se tivesse se permitido da primeira vez. A melhor estratégia, nesse caso, seria comer quando tem vontade, mas em uma quantidade menor, devagar, com consciência, mas dando essa saciedade para o cérebro. E esses "desejos malucos" também tendem a diminuir a partir de uma reeducação do paladar e da reconstrução da relação com a comida.

Peso

Como dito no capítulo anterior, os especialistas vêm contestando a eficácia do IMC e o foco no peso, ressaltando que hábitos de vida saudáveis – como alimentação balanceada e atividade física – são aspectos que independem desses números (Matheson; King; Everett, 2012). Nos Estados Unidos, existe um movimento chamado Health at Every Size (Saúde em Todos os Tamanhos), fundado pelo pesquisador e escritor Lindo Bacon. Essa comunidade defende que dietas restritivas e métodos mais radicais de emagrecimento, além de não funcionar, afastam ainda mais as pessoas com corpos maiores de cuidarem da saúde, aumentando, assim, as taxas de obesidade em todo o mundo. O objetivo é promover hábitos e comportamentos saudáveis de forma inclusiva.

> Mudar o foco dos cuidados de saúde para ajudar as pessoas a melhorarem o autocuidado e desenvolverem resiliência, e descobrir como construir sociedades justas que promovam um senso de coerência, são duas estratégias para a saúde que têm um respaldo científico muito mais forte do que comer ou se exercitar para controlar o peso. (Bacon; Aphramor, 2014, posição 599, versão Kindle)

É cada vez maior a conscientização a respeito do estigma do peso e da gordofobia. A revista *Nature Medicine* publicou, em março de 2020, um artigo (Rubino *et al.*, 2020) com o objetivo de alertar sobre os riscos gerados pelo preconceito com a obesidade e, assim, acabar com o estigma do peso. O documento, assinado por mais de cem instituições em todo o mundo – incluindo a Sociedade Brasileira de Cirurgia Bariátrica e Metabólica –, aponta que o estigma reforça ainda mais os estereótipos e a discriminação, razão pela qual é preciso um esforço conjunto para combater esse problema.

No Brasil, esse entendimento também vem se ampliando. No Instagram, existe uma página exclusivamente dedicada a isso, chamada Saúde sem Gordofobia. Segundo Lais Sellmer, psicóloga, psicanalista e cofundadora do perfil @saudesemgordofobia,

> a diferença entre um profissional gordofóbico e um não gordofóbico é que o primeiro parte do pressuposto de que sabe tudo sobre o paciente, alimentado por estigmas. Já o segundo não olha o paciente como doente ou o rotula por ter um corpo gordo, mas permite que ele conte sua história e fale sobre suas necessidades. [...] Nossa sociedade sempre vai impor padrões para nos vigiar, nos fazer consumir. Precisamos trabalhar nosso senso crítico sobre nós e sobre o mundo. (Sellmer, 2021)

Tratamentos que não são focados em perda de peso ou em contagem de calorias não são uma autorização para comer de tudo, sem controle, e de forma exagerada. Não é sobre isso. É sobre desconstruir a visão simplista vendida pela indústria das dietas, do resultado rápido, das soluções milagrosas e da desinformação, para uma visão um pouco mais realista no que diz respeito às nossas escolhas e possibilidades alimentares. Segundo Ana Carolina Orsini,

> ao tirar o foco do emagrecimento, trabalhamos para alcançar uma relação de paz com a comida e com o corpo. Isso, na verdade, pode trazer as principais coisas almejadas por quem quer perder peso: maior autoestima e maior saúde física e mental. (Orsini, 2021b)

Peso natural

O emagrecimento pode ser uma consequência natural do tratamento nutricional, mas não deveria ser o foco. O foco do tratamento é promover saúde por meio de uma alimentação variada, de qualidade e que honre os gostos e preferências do paciente, sem exageros ou restrições. "Ao normalizar a relação com a comida, o indivíduo alcança o seu peso natural e saudável, que é constante e condizente com a realidade, rotina e histórico do paciente" (Orsini, 2021b).

O que seria, então, um "peso natural"? Um peso natural, já ouvi de vários especialistas ao longo da minha carreira, é aquele que se conquista de forma tranquila, sem sacrifícios nem sofrimento. Porque, caso contrário, não é saudável, concorda? Adianta ter o tal "peso dos sonhos" na balança e viver controlando cada centímetro que ganha ou perde ou monitorando exageradamente tudo o que vai comer?

As dietas restritivas, como já explicado anteriormente, são uma agressão ao corpo. Elas ajudam a emagrecer a curto prazo, mas são insustentáveis. Exemplo: a dieta da sopa. Sopa é uma delícia. Se você consumir apenas sopa por uma semana, poderá até perder alguns quilos. Mas, provavelmente, não vai eliminar somente gordura. Líquidos e massa magra também irão embora. Finalmente, você perde 5 quilos em uma semana. E depois? Vai continuar se alimentando de sopa? Nunca mais vai comer um alimento sólido na vida? Não dá, né. É provável que volte à alimentação de antes e volte a engordar ou entre para o eterno efeito sanfona.

Ao entender um pouco mais sobre o que está por trás das nossas escolhas alimentares – ou seja, nosso comportamento –, fica mais fácil compreender por que estamos comendo demais ou de menos. E, aí sim, podemos pensar em tentar diminuir algo no nosso prato. Mas não calorias, e sim a ansiedade, a culpa, o medo e a insegurança. Se você quer fazer as pazes com a sua alimentação, procure entender as motivações emocionais que estão levando a comer de forma descontrolada. Tenho certeza de que, em muitos casos, muito melhor do que procurar um novo milagre para emagrecimento imediato seria procurar por apoio psicológico. Que tal autoconhecimento no lugar de uma nova dieta?

Experiências e relatos

FERNANDA DO VALLE

43 anos
Escritora, fotógrafa, turismóloga e estudante de psicologia
Apex – Estados Unidos

"Eu vivia com pensamentos obsessivos e contando calorias, mas nunca pensei que esse era um comportamento doentio. Tinha época em que eu tinha muita compulsão, porque fazia muita restrição. Da restrição eu voltava para a compulsão e assim seguia, com altos e baixos. Era sempre muito elogiada quando eu estava magra, e isso me dava forças para ficar ainda mais magra. Era aquele magro valorizado e aceito pela sociedade, mas isso trazia custos à minha saúde, estava sempre com anemia. Só quando completei 30 anos que tive o diagnóstico de anorexia. Mesmo assim, ainda tinha gente que me elogiava muito, e falavam que queriam ser magras como eu para comer de tudo. Às vezes, a gente tem essa ilusão de que vai emagrecer para poder comer mais. Mas não, você acaba virando prisioneira: quanto mais você emagrece, menos você quer comer. Não tem fim. [...] Na minha época de TA [transtorno alimentar], eu não tinha acesso às redes sociais, mas hoje acho que elas são muito prejudiciais nesse sentido. Tem muita blogueira *fitness* que nem tem a bagagem profissional e acaba dando dica de dieta. [...] Recentemente, coloquei uma foto de biquíni e muitas pessoas falaram que eu era mais bonita quando era mais magra e que eu tinha engordado muito. Uma delas chegou a perguntar como eu tinha coragem de postar aquela foto. [...] Hoje, com 17 quilos a mais do que na época da internação, me sinto muito melhor com o meu corpo, tenho muito mais satisfação. Me sinto inclusive mais magra do que quando tinha aquela distorção da minha imagem."

CATHERINE TEDESCO

30 anos
Gastróloga e empresária
Garibaldi – RS

"Fui descoberta na minha cidade por um *scouter* [caça-talentos] com 12 anos. Aos 14, fui morar em São Paulo e, no ano seguinte, embarquei para a minha primeira viagem internacional. Trabalhei exclusivamente como modelo até os meus 19 anos. [...] Quando comecei a 'ganhar corpo', tudo mudou. Havia pressão da agência para emagrecer, pois, caso contrário, romperiam o meu contrato e me mandariam embora. [...] O cigarro é uma forma que muitos encontram de enganar a fome, por isso muitos jovens começam esse vício. Me recordo de certa vez fazer a dieta do abacaxi com uma colega de quarto. A dieta consistia em apenas comer abacaxi quando batia a fome. Resultado: queimamos toda a boca devido à acidez da fruta e passamos muito mal. Tive anorexia nervosa e bulimia. Foi um período de total desconexão, negação e mutilação. [...] Tive dois *insights* que me ajudaram a sair desse poço de ilusão. O primeiro foi quando eu morava na França: meu grande sonho desde criança era conhecer Paris! Quando eu estava morando lá, meus amigos e familiares diziam: 'Aproveita para comer muito *croissant*, muito crepe com Nutella, vai em tal *marché* comer tal coisa'. Me dei conta de que eu estava no lugar em que eu mais queria estar, porém triste por não desfrutar das experiências do dia a dia e perdendo oportunidades culturais e gastronômicas devido às correntes a que eu mesma tinha me submetido. O segundo foi quando eu estava em uma sessão de terapia, já tratando dos meus distúrbios alimentares, e afirmei à psiquiatra que eu só sabia ser modelo. Ela questionou: 'Catherine, você precisa encontrar e viver outras atividades. O que você gosta de fazer?'. A minha resposta foi praticamente instantânea: 'Comer!'. Foi aí que tudo ficou claro. Eu tinha que enfrentar e fazer as pazes com o meu maior medo: a comida! E, então, eu mergulhei no mundo da gastronomia. [...] A minha relação com a comida hoje é tranquila e consciente. Mesmo trabalhando com gastronomia, me alimento de forma intuitiva e colorida. Excluí o termo 'dieta' da minha vida."

Não é apenas #foco, #força e #fé

“Estudos têm mostrado que a linguagem usada em contas de mídia social de ‘inspiração’ muitas vezes mal se distingue daquela usada em sites pró-anorexia.”

Neste capítulo:

- Frustrações na atividade física
- Cultura do “*no pain, no gain*”
- Discursos motivacionais que desmotivam

Respira, inspira (não pira)

A motivação para um esporte, ou para qualquer tipo de atividade física, deveria ser leve. Mexer o corpo é algo que, por essência, tem a função de nos trazer prazer e alegria. Nos ajuda a extravasar e a nos sentirmos poderosas. Infelizmente, esses objetivos foram distorcidos ao longo dos anos, e atualmente nas plataformas digitais a cultura *fitness* parece estar muito mais ligada às aparências do que à *performance* ou aos benefícios à saúde. E isso acaba afastando ainda mais as mulheres da prática física (Tiggemann; Zaccardo, 2015; Bowles; Walsh; Andre, 2021).

Primeiro, porque essa obsessão por "queimar o que comemos" deturpou um pouco o que entendemos por atividade física. As revistas, no passado, e as redes sociais, no presente, ajudaram a ampliar essa noção de que, para ter um "corpo perfeito", é preciso escolher as atividades que eliminam mais calorias. No caso, as aeróbicas, como correr, nadar, andar de *bike*; ou seja, aquelas que nos fazem suar até pingar. O problema não está aí. Essas atividades realmente ajudam a diminuir a gordura corporal, além de trazerem inúmeros outros benefícios, como uma menor pressão arterial, o fortalecimento dos sistemas respiratório e cardiovascular e uma maior expectativa de vida. O problema é a motivação. Se o único e exclusivo objetivo de fazer um exercício é perseguir um corpo magro, fica difícil sustentar o hábito a longo prazo. Enjoa, frustra, cansa, dá raiva, desmotiva.

Eu mesma devo ter lido em algum lugar, ainda na infância, que andar na esteira queima não sei quantas calorias em uma hora. Lembro-me de umas férias escolares em que a minha tia havia comprado uma, só que daqueles modelos mecânicos. Ou seja: ela funciona, basicamente, na força da raiva, porque aquela lona é muito pesada e só se move se você realmente faz um grande esforço com as pernas. Se você tem a minha idade ou mais, deve ter conhecido um aparelho parecido e há de convir comigo que não existe objeto de tortura mais potente do que uma esteira mecânica. Mas, mesmo assim, eu ia. E suava, suava e suava. Sofria, mas, no final, sentia-me o máximo.

Até hoje, em qualquer lugar aonde eu vá que tenha uma esteira, tiro uma hora para me exercitar e sentir que "queimei" um pouco do que eu comi ao longo do dia. Ou seja, a minha motivação a princípio, naquelas férias de verão, teve a ver única e exclusivamente com calorias. E, mesmo escrevendo sobre esse tema há anos, essa sensação de compensação ainda passa pela minha cabeça. Só que, no meu caso, calhou de eu realmente gostar de esteira (ainda mais depois que conheci as elétricas!). E até hoje é um dos meus exercícios favoritos na academia.

Como eu disse no começo deste livro, sou uma pessoa que tem bastante energia, então sempre gostei de atividades aeróbicas – elas me trazem um prazer imediato e ajudam a lidar com a minha ansiedade. Mas cada pessoa tem um estilo, um histórico. Cada uma tem suas preferências. Eu, por exemplo, morro de preguiça de me alongar; tem gente que adora. Algumas preferem atividades mais lentas e suaves, enquanto outras gostam de treinos mais curtos e intensos. Algumas preferem atividades em grupo, enquanto outras preferem treinar individualmente. Somos únicas. Por isso, assim como no caso da cultura das dietas, precisamos "desver" algumas coisas que aprendemos para encontrar a atividade que realmente seja a nossa cara e faça com que nos engajemos nela.

O que não contam nas revistas nem nas redes sociais é que você não é obrigada a gostar do exercício "x", "y" ou "z" para ter o "corpo dos seus sonhos". A falácia já começa por aí: o exercício, por si só, não vai transformar o seu corpo se não houver uma mudança em outras áreas da vida e se você não cuidar da saúde como um todo. E, em segundo lugar, se você optar um exercício só para se punir por ter comido demais, ou porque está obcecada com seu peso e com calorias, ele só vai trazer mais frustração; você vai ter preguiça, culpar-se quando não conseguir fazer e, ainda, sentir-se uma perdedora ao olhar a foto da *influencer* brindando o fim do treino com seu suco verde às sete da manhã.

No livro *Beauty Sick* ("Doença da beleza"), Renee Engeln (2018) cita pesquisas que mostram que mulheres que fazem exercícios focadas apenas nas mudanças estéticas são mais propensas a relatar insatisfação corporal e comer transtornado. Nesses casos, a atividade física acaba tendo o papel contrário ao esperado, gerando ainda mais ansiedade, autoestima baixa e autodepreciação.

"Tá pago"

Acredito que a nossa relação com os exercícios também tenha muito a ver com o momento de mundo e a cultura em que estamos inseridas. É até difícil de acreditar, mas existiu uma época em que a prática esportiva não era vista como "coisa de mulher".

Segundo a historiadora Denise Bernuzzi de Sant'Anna, nas décadas de 1920 e 1930,

> o esporte não combinava com as senhoras que haviam passado dos 30 anos. Representava um risco para a saúde uterina das mais jovens e uma indecência para as mais velhas. "Excrescências musculares de uma fealdade repugnante" eram os corpos femininos esculpidos pela prática esportiva. (Sant'Anna, 2014, p. 34)

É interessante notar como os modismos nessa área vêm e vão e, junto deles, a pressão para nos encaixarmos – no comportamento e na aparência. Ainda segundo a historiadora, no ano em que o filme *Flashdance* foi lançado (1983), o Rio de Janeiro somava 7 mil academias de ginástica, com 800 mil mulheres se dedicando à prática da musculação (Sant'Anna, 2014). Para mim, uma pessoa apaixonada por dança, a estética "polainas + *collant* + corpo torneado" apresentada por esse filme foi uma influência e tanto – e é até hoje. Olhando pelo lado bom, é legal saber que a atividade física passou a ser aceita também como "coisa de mulher" e que o machismo – nesse caso específico – ficou para trás.

Hoje já existe uma noção maior de que as mulheres são capazes de brilhar em absolutamente qualquer modalidade. Mas, por outro lado, essa popularização da atividade física, especialmente nas redes sociais, acabou reforçando alguns estereótipos que muitas vezes mais desmotivam do que inspiram. A cultura do "*no pain, no gain*" ("sem dor, sem ganho") e do "tá pago", como se fazer exercícios sempre fosse uma forma de se punir ou uma obrigação, só amplia a ideia de que fazer atividade física é um martírio cujo único objetivo é conseguir um corpo que se encaixe no padrão de beleza esperado.

Para ter uma relação mais saudável com a atividade física, é importante reconhecer se você anda encarando isso como uma imposição. Segundo a educadora física Paula Teixeira, que é doutora em Neurociências e idealizadora do projeto Exercício Intuitivo, um dos sinais para identificar essa situação é o sentimento de obrigação de fazer a atividade para compensar as calorias ingeridas, pois, caso contrário, "algo horrível" pode acontecer. "Geralmente, as pessoas associam essa 'coisa horrível' a engordar repentinamente, como se o corpo mudasse assim rapidinho, em poucas horas" (Teixeira, 2021).

Essa sensação de "estar gorda" ou "estar magra" muito associada à prática física ou à ausência dela é o que bagunça nossa cabeça e nos faz cair na culpa. Segundo a especialista, é preciso estar atenta quando há muita ansiedade e irritação ligadas à atividade física; quando faltar na academia se converte em compensação no dia seguinte, com mais intensidade ou mais horas; ou até mesmo quando a pessoa passa a cancelar muitos compromissos pessoais para não abrir mão do treino. Veja bem: ninguém aqui está falando que disciplina não é importante. Mas será que se obrigar a malhar, por exemplo, em um dia em que você está exausta, é benéfico para a sua saúde mental? Será que isso te ajuda a construir uma relação saudável com o exercício, ou, ao contrário, reforça para o seu cérebro que você "merece sofrer" para ter determinado tipo de corpo?

Nem 8 nem 80

Em alguns momentos da vida, a conta não fecha: você corre para vencer uma rotina atribulada e, quando para com o objetivo de descansar um pouquinho, termina o dia no *feed* do Instagram, abarrotado de gente feliz, animada e disposta para malhar. O sentimento de frustração é quase que imediato quando você percebe que não está conseguindo encontrar um tempinho para isso. Mas aqui acho que vale lançar mão da frase "Feito é melhor do que perfeito". Não é porque você está em uma fase corrida que não pode cuidar, nem que seja um pouquinho por dia, do seu corpo. E um pouquinho adianta, sim.

Qualquer quantidade de atividade física é melhor do que nenhuma. Para saúde e bem-estar, a OMS recomenda pelo menos 150 a 300 minutos de atividade aeróbica moderada a vigorosa por semana para todos os adultos, incluindo quem vive com doenças crônicas ou incapacidade, e uma média de 60 minutos por dia para crianças e adolescentes (Ministério [...], 2021).

Fazendo uma continha rápida aqui, se você considerar também sábado e domingo, isso dá uma média de 20 a 40 minutos diários. É importante rever seus conceitos sobre sedentarismo – não é porque está sem tempo que precisa ser 100% sedentária. Pode tentar, por exemplo, alongar-se por 10 minutos ao amanhecer, incluir alguns lances de escada na sua rotina em vez de pegar o elevador, ou fazer uma pequena caminhada depois do almoço, antes de "voltar ao batente". O importante é colocar, aos poucos, mais movimento na sua rotina.

A importância de "encontrar sua turma"

Um outro efeito da cultura *fitness* que nem sempre traz bons resultados para a saúde física das mulheres são alguns discursos motivacionais que indicam que o "corpo dos sonhos" é alcançado se você tiver foco, força e fé. Não duvido de que esses três ingredientes sejam importantes para quem quer esculpir um abdômen sarado. E vale ressaltar, mais uma vez, que não há problema em querer ter um corpo de capa de revista (eu também quero!). O problema é quando a estética começa a ser confundida com saúde.

Ser magra, necessariamente, não é a mesma coisa que ser saudável. Assim como ser gorda não é sinônimo de estar doente. Muitas vezes, uma magreza esconde quadros de distúrbios alimentares, uma alimentação inadequada ou problemas mais sérios. Assim como há milhares de mulheres consideradas "fora do padrão" que estão com ótimos índices de saúde e que têm força e disposição de sobra. A ideia aqui não é romantizar a obesidade, mas ampliar a noção de que padrão de beleza é uma coisa e saúde é outra.

Como disse algumas linhas atrás, o objetivo principal de qualquer esporte ou atividade física deveria ser a saúde, porque isso, sim, pode garantir uma qualidade de vida melhor e, eventualmente, um corpo mais tonificado, com menos gordura e mais massa muscular. O nosso parâmetro deveria ser nossos exames de rotina, e não o espelho. É cuidando da nossa saúde interna que podemos prevenir ou tratar doenças. Já a nossa "casca", ou seja, a nossa aparência física pode ser um efeito colateral positivo disso. E, quando digo "pode ser", é porque o padrão de beleza, além de magro, privilegia biotipos bem específicos.

É importante ter noção de que nossos corpos carregam heranças genéticas únicas e de que existem características que nem com muita academia dá para mudar. E é por isso que os discursos motivacionais relacionados à atividade física às vezes ajudam a espalhar desinformação e reforçar estereótipos, causando o efeito contrário: trazendo desmotivação. Porque, ao mirar só nos corpos do Instagram, os resultados podem demorar para aparecer ou mesmo não ser alcançados. A vida não é linear; temos problemas, imprevistos, mudanças hormonais (além dos fatores genéticos, sociais, financeiros, etc.). Então, quando o único parâmetro é o espelho, a frustração pode chegar rápido.

A escritora Anuschka Rees, em seu livro *Beyond Beautiful* ("Além da beleza"), afirma que, por trás da nossa busca por "bem-estar", é fácil ainda identificar nosso foco em aparência:

> Estudos têm mostrado que a linguagem usada em contas de mídia social de "inspiração" muitas vezes mal se distingue daquela usada em sites pró-anorexia. Trata-se de controlar, forçar a si mesmo, estigmatizar seu corpo "anterior", elogiar a si mesmo e aos outros por sua contenção e colocar um monte de significado na aparência de seu corpo. (Rees, 2019, p. 151, tradução nossa)

Não é à toa que as matérias de "antes e depois" e contas de Instagram que promovem esse tipo de conteúdo sempre "bombam". A ideia da transformação do corpo ainda é vendida como uma grande conquista. De fato, é; mas ainda está muito focada somente na aparência. Em alguns casos, a pessoa nem almeja um "tanquinho"; só precisaria buscar um pouco mais de saúde a partir de uma reeducação alimentar e uma rotina regular de atividade física. Mas, ao ver a foto do "depois", pode pensar que é algo tão inalcançável que é melhor nem tentar. Você pode argumentar: "Mas ela poderia olhar pelo lado da inspiração e 'tomar vergonha na cara', né?". Sim, esse é um pensamento frequente e bastante comum, porque tendemos a fazer generalizações. Mas novamente: cada contexto é único. E a blogueira não considera isso quando fala que você "só precisa ter força de vontade" para ter o corpo igual ao dela.

Esse tipo de "motivação" também acontece na vida real. O ambiente de academia pode ser tóxico às vezes, por isso é importante "encontrar sua turma" para não se desanimar – ou seja, pesquisar modalidades que realmente lhe tragam prazer e tentar frequentar ambientes que não sejam tão focados em imagem.

Acho interessante citar aqui um estudo feito pelo Body & Media Lab apresentado no livro *Beauty Sick* (Engeln, 2018) para investigar quais frases motivacionais as mulheres costumavam ouvir de instrutores nas academias e de que forma isso as afetava. Mais da metade das participantes relatou que as frases que elas menos gostam de ouvir são as relacionadas à perda de peso e à aparência física, como: "Vamos acabar com essa celulite e com essa barriga" ou "Pegar pesado para entrar no biquíni".

Isso levou os pesquisadores a crerem que a maioria dos instrutores acredita que as mulheres estão na academia única e exclusivamente para emagrecer e se encaixar no padrão de beleza atual. E, embora isso seja verdade para uma parte da população, existe uma outra parte que só quer se exercitar em razão dos outros benefícios trazidos pelo movimento: desestressar, ganhar resistência, manter a saúde em dia, etc.

Penso que a intenção dos profissionais seja boa: eles acreditam que, depreciando partes ou características do corpo que a nossa cultura rejeita, vão conseguir mais determinação das alunas. Não estou fazendo juízo de valor sobre essa abordagem, até porque ela pode funcionar para algumas pessoas.

Mas é importante que você saiba que não precisa se odiar nem sentir dor para gostar do próprio corpo. É justamente o contrário: quando passa a gostar mais dele é que tem motivação para cuidar e para movimentá-lo com prazer, alegria e leveza. Então, respira, inspira. Mas não pira.

Experiências e relatos

ISADORA CHIQUETTO

29 anos
Gerente comercial
Florianópolis – SC

"Desde adolescente, eu frequentava a academia assiduamente. Sempre fiz aulas, musculação, tudo pensando em emagrecer. Uma vez comecei a fazer aulas de tecido acrobático e amei, mas percebi que não tinha um gasto calórico muito alto, então parei por conta disso (mesmo adorando a aula). Essa relação só mudou depois de um susto com a minha saúde. Fiquei efetivamente doente por estar muito acima do peso. [...] O médico me disse que eu tinha duas opções: ou fazia um tratamento caro para reverter a pré-diabetes ou me comprometia a me exercitar cinco vezes na semana sem falta. Disse também que, por conta da minha resistência à insulina, eu não iria emagrecer me exercitando, por isso era para eu tentar não relacionar uma coisa com a outra. Decidi pelo compromisso com o exercício e comecei, muito lentamente, a tentar sair e praticar caminhada/corrida como um desafio pessoal, um momento para mim, e aos poucos fui me apaixonando. Com o tempo, o desafio de correr um pouquinho a mais no dia seguinte me fez finalmente ganhar o controle da alimentação, pois comecei a pensar 'Se eu comer tanto assim, isso vai acabar atrapalhando minha corrida amanhã' e, aos poucos, fui conseguindo me controlar. Percebi que o exercício era o condicionante para que eu não desenvolvesse uma doença crônica séria, que comprometeria o resto da minha vida. [...] Me inscrevi em corridas de rua, montei planilhas para que cada dia fosse um desafio, uma evolução pessoal, física e mental, e não mais uma meta de emagrecimento. [...] Parei de seguir todas as pessoas *fitness* da minha rede e, depois de muito tempo vendo corpos reais, ficou fácil ver o que é de verdade e o que não é. Para as mulheres que têm uma relação ruim com a atividade física, eu gostaria de falar para pelo menos tentarem encontrar alguma coisa de que gostem. Se gostam de musculação, que façam. Se é tênis, vôlei, *pole dance*, o que for, procurem algo que faça o tempo passar voando, que as revigore."

MICAELA CHARLONE

26 anos
Nutricionista
São Paulo – SP

"Na minha casa, fazer algum esporte era algo fundamental, e meu pai tinha uma regra: 'Você pode faltar em quantas aulas quiser, menos nas de educação física'. Ele era um grande defensor da filosofia '*no pain, no gain*'. Acho que essa foi uma das coisas que me fez desenvolver uma relação complicada com o exercício. Ainda assim, também devo muito a ele o amor e a importância que hoje dou à atividade física. Nosso programa 'pai e filha' era jogar tênis, basquete, nadar, pedalar ou até fazer alguma trilha no meio do mato. Eu fui uma criança gordinha. Acho que as primeiras pessoas que me fizeram tomar consciência disso foram meus pais, mas tenho certeza de que tinham as melhores intenções. Eles se preocupavam com a minha saúde, meu peso, minha felicidade. Meu pai falava: 'Se você fosse um pouco mais magra, seria mais feliz'. Acho que ele realmente acreditava nisso na época. [...] O exercício físico sempre foi minha forma 'preferida' de compensação. Era minha moeda de troca para 'conseguir' comer ou para me punir quando exagerava. Pior de tudo, essa era a maneira mais eficiente que encontrei de machucar o meu corpo. A dor que eu sentia me exercitando era catártica. Podia descontar toda a raiva que sentia do meu corpo, de mim mesma; e, de quebra, queimar calorias. Tenho a memória vívida de infinitos treinos que eu terminava chorando de dor, ódio e angústia. A coisa saiu do controle quando eu tinha uns 14 anos. Fui fazer um intercâmbio de um mês e meio na Nova Zelândia. Nesse ponto, eu já estava bem magra e comendo praticamente nada. [...] Quando se está recuperando de um transtorno alimentar, muitas pessoas podem experienciar o que chamamos de "fome extrema". Engordar tanto em tão pouco tempo foi uma das experiências mais dolorosas que eu passei nesse processo. A raiva, o ódio, o asco que eu sentia do meu corpo eram impossíveis de descrever. No entanto, isso foi decisivo para a minha recuperação. [...] Com a ajuda da minha psicóloga e do meu namorado, fui estabelecendo uma relação cada vez mais tranquila com a comida, com meu corpo e com o exercício. Melhorar minha relação com a atividade física foi uma das coisas mais difíceis. Não que hoje seja perfeita, mas atualmente o que me motiva não são as calorias."

Informação: filtre antes de consumir

"Aos 31 anos, fiz o meu canal no YouTube. Vivendo o backstage da internet, você começa a entender que aquela pessoa que se mostra muito perfeita ali não é tão perfeita assim. [...] E eu também aprendi uma coisa muito legal, que é separar a aparência da personalidade."

Neste capítulo:

- Táticas para desenvolver o senso crítico
- Desafios colocados pela inteligência artificial
- O papel de cada pessoa no ambiente da internet
- Uso saudável das redes sociais

Educação midiática: que bicho é esse?

A tecnologia mudou absurdamente nas últimas décadas, com a chegada das redes sociais e, mais recentemente, com a popularização de ferramentas baseadas em inteligência artificial (IA). É natural que nos sintamos sobrecarregadas e, paradoxalmente, muitas vezes desinformadas. Por esse motivo, é impossível falar de um uso mais consciente da internet sem discutir e compreender a importância do tema "educação midiática". Para falar sobre isso, conversei com Mariana Mandelli, doutoranda em Antropologia Social e coordenadora de comunicação do Instituto Palavra Aberta, entidade que desenvolve o EducaMídia. Apoiado pelo Google, o projeto capacita professores e organizações de ensino para que possam preparar os jovens a terem mais senso crítico no consumo de conteúdo.

> O ser humano midiaticamente educado é aquele que tem habilidade para ler, escrever e participar do mundo conectado de uma maneira crítica, ética e responsável. Isso quer dizer que você vai aprender a lidar de uma maneira mais consciente com o excesso de informação que você recebe. (Mandelli, 2021)

Essa educação é importante para aprendermos a filtrar a imensa quantidade de informação que nos é disponibilizada diariamente. No que diz respeito a corpo, alimentação e rituais de beleza, é comum a sensação de que nunca estamos fazendo o suficiente; aquela culpa "eterna" de que já falei. Toda hora aparece uma nova tendência que muitas vezes se instala na nossa lista mental de "obrigações", ainda que de forma inconsciente. Segundo a Organização Pan-Americana da Saúde, o excesso de informação pode nos tornar mais deprimidas, ansiosas e emocionalmente exaustas. Além disso, esse quadro pode atrapalhar o nosso processo de tomada de decisão (Opas, 2020).

Quem nasceu antes dos anos 2000, como eu, ainda teve tempo de experimentar como é viver em um mundo quase 100% *off-line*. Antigamente, era comum dizermos que íamos "entrar na internet". Isso porque a nossa permanência *on-line*, ou seja, "dentro" da internet, era muito menor. De certa forma, tivemos alguns anos de adaptação para conseguir assimilar a diferença entre o real e o digital – e, ainda assim, nos parece difícil ter senso crítico para discernir imagens de vidas e corpos "perfeitos" que, mesmo representando uma fração de segundo na telinha do celular, grudam na nossa mente. Agora imagine para as crianças e os adolescentes, os chamados "nativos digitais", que já nasceram cercados por tecnologia?

De acordo com Mariana, essa expressão é problemática por trazer uma ideia de que esse público já nasceu sabendo como lidar com esse excesso de informação, o que não procede.

> Esse termo foi mal interpretado, porque ele dá uma falsa sensação de que essas crianças que pegam o celular, desbloqueiam e baixam aplicativos sabem lidar de uma maneira mais avançada e mais evoluída com a internet. Mas isso é uma mentira. Eles também não estão preparados, precisam de apoio, de suporte e de orientação. (Mandelli, 2021)

Não à toa, as discussões sobre o uso de celulares por crianças e adolescentes têm sido amplamente discutidas. Jonathan Haidt, em seu livro *A geração ansiosa*, propõe caminhos possíveis para um uso mais sadio da internet nessas faixas etárias. Entre eles, a proibição do uso de *smartphones* antes dos 14 anos de idade e das redes sociais antes dos 16 (Haidt, 2024).

Com a lei aprovada em 2025 que proíbe o uso de celulares nas escolas, o Brasil se alinha a diversas outras nações nessa mesma direção. De acordo com um relatório da Unesco de 2023, 25% dos países do mundo já haviam adotado a medida (Unesco, 2023).

Mas, segundo especialistas da área, não basta proibir; é preciso educar:

> Você proíbe o celular na escola para ter mais foco no conteúdo, no processo de aprendizagem, para que estejam ali de corpo presente. Mas e fora da escola? Eles estão tentando compensar o tempo que ficaram sem celular? Se não fizermos o debate sobre educar, e isso tem que englobar também as famílias, as coisas vão continuar acontecendo, como os casos de *bullying*. (Mandelli, 2021)

A especialista acredita que o debate sobre um melhor uso das ferramentas digitais vale para todo mundo. Não são só as crianças e os adolescentes que precisam de orientação.

> Os pais, mães e responsáveis também não foram educados midiaticamente. Quando eu dou o primeiro celular, que regras eu estabeleço? O telefone celular me vicia ou não? Meu filho deve eu não ter redes sociais? Ele tem direito à privacidade? Até que ponto? (Mandelli, 2021)

Inteligência artificial: um desafio a mais

A inteligência artificial não é um fenômeno recente: especialistas apontam que os estudos nessa área datam da década de 1950. Mas, afinal, o que vem a ser a IA?

> Chamamos de inteligência artificial a capacidade de um computador de realizar tarefas comumente associadas a seres

> inteligentes, isto é, seres que podem se adaptar às novas circunstâncias. Isso acontece através da ação de algoritmos que permitem às máquinas analisar dados, aprender a partir deles e determinar cursos de ação com base nesse conhecimento. Essa tecnologia possibilita grandes saltos de inovação em diversos setores. (Ochs, 2024, p. 4)

O fato é que há bastante tempo essa tecnologia faz parte da nossa vida e está "dentro" dos sistemas de busca, dos assistentes de voz, nos algoritmos das redes sociais, e por aí vai. Você deve ter notado, no entanto, que o tema ganhou mais repercussão nos últimos tempos, a ponto de gerar medo nas pessoas – principalmente, o medo de perderem seus empregos para os tais "robôs".

Isso porque, a partir de 2022, algumas ferramentas tornaram-se acessíveis à grande massa. Aplicativos como ChatGPT e MidJourney, por exemplo, permitem a criação de textos e imagens em questão de segundos. E nem é preciso ser um *expert* para operar essas ferramentas; de um modo geral, elas são bastante intuitivas, e a interação com elas tem se tornado cada vez mais "humana". Segundo Mariana Mandelli,

> se antes as barreiras entre *on-line* e *off-line* estavam borradas, agora elas estão ainda mais difusas. E o que muda com a inteligência artificial é a sofisticação dessas tecnologias, além do fato de estarem cada vez mais ao alcance de todo mundo. (Mandelli, 2025)

É de comemorar o fato de que estamos evoluindo digitalmente, mas, assim como qualquer ferramenta, a IA também pode ser utilizada para o mal, especialmente no que diz respeito à imagem do corpo feminino.

Mariana Mandelli cita, como exemplo de mau uso da IA, casos em escolas de criação de *nudes fakes*, com maior concentração nos Estados Unidos. De um modo geral, são meninos que usam a ferramenta para criar uma imagem falsa de alguma colega ou professora, para depois espalhar para os amigos.

> Isso é uma grande discussão, porque elas estão nuas naquelas imagens, mas não são elas. Só que elas se sentem nuas. A inteligência artificial é perigosa no sentido da sexualização do corpo da mulher. Porque o mau uso dela piora questões de representatividade, de imagem e de vulnerabilidade dos corpos femininos. E é claro que um garoto, quando vai fazer um *nude*, provavelmente vai usar corpos padronizados. (Mandelli, 2025)

Ceticismo saudável

Repassar pelo WhatsApp uma dietinha da moda, uma dica para a pele, um novo medicamento milagroso para emagrecer ou um vídeo falando sobre os resultados maravilhosos de algum novo procedimento estético pode parecer algo divertido e inofensivo. Mas é importante termos critério tanto para consumir quanto para distribuir informação, porque nós também somos responsáveis pelo que colocamos no mundo digital. As dicas que reuni aqui valem para qualquer tipo de conteúdo: de política à fofoca. Porém, como o foco deste livro é imagem corporal, vamos refletir sobre as informações por vezes duvidosas sobre saúde e beleza às quais somos expostas diariamente – e que podem até colocar em risco a nossa integridade física.

Para prevenir esse tipo de problema, é preciso desenvolver um olhar mais afiado. Mariana orienta que, ao recebermos uma notícia, um print ou um *link*, devemos checar se a informação realmente foi publicada no veículo que o *link* mostra:

"É importante achar o link no site original, porque hoje é muito fácil criar imagens e URLs falsas" (Mandelli, 2021). Ela ainda recomenda que sejam verificados a data, para ver se a notícia não é velha, e o autor, para se certificar de que foi escrita por alguém e não distribuída por algum serviço de notícias.

Com o advento da IA, essa checagem precisa ser ainda mais criteriosa, especialmente na visualização de vídeos e fotos, que hoje são facilmente manipuláveis. Uma outra dica é fazer a busca reversa, ou, como explica Mariana, uma "leitura lateral":

> Procure o conteúdo fora da página em que você está e veja se aquilo já foi desmentido ou não, se já foi checado. Por exemplo, se for um vídeo de uma atriz, provavelmente ela vai tomar providências para dizer se é verdadeiro ou não. (Mandelli, 2025)

A especialista destaca o conceito de "ceticismo saudável", que é justamente o hábito de questionar as mensagens que chegam até você:

> Não é desconfiar de tudo e viver numa neurose conspiratória, mas compreender os objetivos, intenções, autoria e contextos de posts, artigos, reportagens, imagens e todo tipo de conteúdo que recebemos todos os dias. Pergunte-se: o que essa mensagem quer de mim? (Mandelli, 2021)

Ter consciência sobre as intenções por trás desses conteúdos já é um primeiro passo na orientação de uma relação mais saudável com essas mídias, sempre tendo em mente que a esfera *on-line* é só parte da nossa realidade e que há vida aqui fora também.

A importância do senso crítico

Um pilar importante da educação midiática é o desenvolvimento do senso crítico. No caso da construção de uma imagem corporal positiva, precisamos parar de nos pautar pelo parâmetro do que dizem ser certo, bonito e desejável.

Mas olhar de forma crítica para os padrões impostos não é ter uma visão negativa sobre a vida. É ter uma visão realista, de que o mundo é diverso e de que podemos ser suficientes mesmo não atendendo a todas essas expectativas altíssimas que depositam nos nossos corpos desde a tenra infância. A mídia e as redes sociais influenciam nossas decisões e nossos comportamentos, então temos que ficar atentas.

Um exemplo que cabe bem aqui é uma fala da escritora Barbara J. Berg, autora de *Sexism in America* ("Sexismo na América") no documentário *Miss Representation* ("Mal representada"). Ela fala sobre a grande influência que a TV teve no comportamento das mulheres logo após o fim da Segunda Guerra Mundial (1939-1945). Durante o conflito, muitas tiveram que ingressar no mercado de trabalho para cobrir os homens, que estavam em campo. Só que a maioria gostou da ideia – estima-se que 80% delas queriam continuar trabalhando. Mas havia um "problema": com o fim da guerra, os homens precisavam retomar seus postos, e elas estavam tirando os empregos deles. Então, houve a criação de uma grande campanha midiática de "redomesticação", para que elas voltassem aos seus antigos papéis sem reclamar muito. Assim, os programas de TV e as propagandas começaram a exaltar o papel de mãe e esposa dentro de uma família bem estruturada. Tudo isso com patrocínio pesado de fabricantes de eletrodomésticos e outras "maravilhas" que poderiam tornar o ambiente doméstico um lugar mais atraente, o que também promovia o consumo. Anos depois, com o crescimento dos movimentos feministas, a partir de 1960, as mulheres que pediam por liberdade começaram a ser retratadas na imprensa de maneira pejorativa, como se estivessem ameaçando a ordem da família tradicional norte-americana (Miss Representation, 2011).

É como dizem Naomi Wolf em *O mito da beleza* (1991) e diversas outras autoras de estudos feministas: toda vez que a mulher dá um passo para a frente, vem uma espécie de onda de censura para frear o nosso desenvolvimento. Então, questione se você realmente precisa de todos os cremes, procedimentos, comidinhas *fit*, cirurgias e dietas apresentados pela mídia e pelas redes sociais. Questione por que o retrato da mulher bem-sucedida ainda é o daquela que parece se dar bem em todos os campos: boa profissional, boa mãe, corpo "em dia". Questione por que ainda há tanto foco na aparência feminina (que é a que atende a todos esses interesses). Já imaginou quanto tempo, dinheiro e energia gastamos nisso, em comparação com os homens?

Uma última dica para desenvolver esse olhar crítico é observar a hierarquia da informação. Os veículos têm interesses, por isso, mesmo que não pareça claro, vão dar destaque para o que acreditam ser coerente com a filosofia deles. Só que, com a entrada dos algoritmos nas nossas vidas, essa dinâmica foi rompida. "A *timeline* chega e quebra isso, porque dilui tudo. Assim, você acaba sendo mais do que nunca o curador do seu próprio conteúdo" (Mandelli, 2021).

Pensando em um exemplo prático: pessoas que querem emagrecer podem se interessar por conteúdos produzidos por nutricionistas, educadores físicos ou mesmo *influencers* de estilo de vida, que simplesmente mostram o seu dia a dia. "Quanto mais você consumir esse tipo de conteúdo, mais aquilo vai ser entregue a você. O algoritmo quer que você consuma. Cada vez mais as redes são plataformas de venda" (Mandelli, 2025).

A curadoria de conteúdo, como o nome diz, significa pesquisar, selecionar e adaptar materiais. Hoje, mais do que nunca, se faz necessária. São as mensagens que consumimos e passamos adiante que dão corpo ao conteúdo das redes sociais, aos algoritmos e aos "robôs" por trás da IA. E não é preciso ser nenhum especialista em robôs ou em algoritmos para consumir informação de forma mais crítica.

> Se você entende minimamente a lógica por trás, você sabe diferenciar. É como ler o jornal "A" ou "B": você sabe que cada um tem uma linha editorial e consome os dois. Tudo pode mudar o tempo todo, e eu acho que é essa é a chave da educação midiática, porque você empodera o cidadão. (Mandelli, 2025)

Por isso, para que você seja a "curadora" do seu próprio conteúdo e não acabe consumindo produtos e ideias que sejam nocivos à sua saúde, a especialista indica questionamentos como: será que essa pessoa tem registro no conselho da profissão em que se apresenta? Ela é formada? Tem alguma denúncia? Usa publicidade indevida?

Ou seja, o senso crítico pode nos ajudar a escolher melhor as informações que vamos consumir e priorizar o que nos desperta inspiração – o que é muito diferente de seguir quem lhe traz a sensação de que você é insuficiente. Com consciência, senso crítico e representatividade, a mídia e as redes sociais podem trazer inúmeras coisas boas. Diversifique!

Nosso papel

Como vimos, a internet é feita das nossas contribuições individuais. Por isso, algumas boas práticas podem nos ajudar a construir um ambiente digital menos tóxico. E a primeira coisa que acho que vale falar aqui é sobre engajamento – ou seja, a forma como você interage com determinado conteúdo, curtindo, comentando, compartilhando, salvando, etc. Acho que já está clara a importância de construirmos um *feed* mais diverso e representativo. Primeiro, porque isso ajuda a treinar o nosso olhar para variados tipos de corpos, atitudes e modos de viver, o que pode nos ajudar a aceitar as nossas próprias falhas (ou aquilo que o mundo nos fez enxergar como falhas). Em segundo lugar, isso também abre mais espaço e encoraja ainda mais essas pessoas que estão lá, dando a cara a tapa, tentando quebrar o padrão de beleza atual.

Mas, mais do que isso, é importante saber o que fazer ao depararmos com conteúdos que consideramos impróprios, como aqueles que incentivam o racismo, a homofobia, a gordofobia, o capacitismo (preconceito em relação às pessoas com deficiência), o machismo, o *body shaming*, a pornografia infantil ou qualquer outra forma de opressão, assim como publicidades não sinalizadas, disfarçadas de "dicas".

> Jamais curta, comente ou compartilhe, nem que seja para criticar. Você estará dando mais visibilidade para aquilo, fazendo com que ele atinja mais pessoas. Nesses casos, denuncie sempre. Pode ser para a plataforma, para a SaferNet ou até

para o Ministério Público, dependendo da gravidade do caso. (Mandelli, 2021)

Além disso, é importante refletir sobre a forma como interagimos nas redes: será que estamos espalhando coisas boas? Antes de comentar algo por impulso, que possa despertar um gatilho em alguém, pergunte-se: isso vai gerar uma discussão positiva? Eu gostaria de ouvir esse tipo de coisa? Eu falaria isso para uma amiga?

Claro que as grandes empresas (*big techs*) por trás dessas plataformas têm uma enorme parcela de responsabilidade na forma como alguns conteúdos tóxicos se espalham com facilidade, ganhando força e relevância em questão de minutos. Mas nós também precisamos nos responsabilizar pela forma como interagimos com o conteúdo alheio. É sempre bom lembrar: atrás de um perfil existe um ser humano de carne e osso.

Por fim, vale uma reavaliação da nossa própria produção de conteúdo. Se queremos um padrão de beleza menos opressor e uma internet mais verdadeira, que tal questionar a nossa dependência de filtros ou o fato de sempre procurarmos nosso melhor ângulo para sair em uma foto, por exemplo? Ou até mesmo o hábito de querer mostrar só momentos felizes, embora saibamos que a vida real não é assim? Será que não vale se questionar se você mesma não está exibindo uma persona *on-line* que nada tem a ver com a sua realidade? Além disso, você já parou para se perguntar como se sente quando posta alguma coisa? Se fica mais ansiosa com relação à aprovação ou à desaprovação alheia? Se você está realmente feliz com a sua contribuição *on-line*, se seus perfis digitais correspondem aos seus valores? São perguntas válidas e que podem ser bastante pertinentes para a manutenção da sua saúde mental.

Lembre-se de que as pessoas que seguem você têm o direito de deixar de seguir. Então, caso essa sua nova versão, mais verdadeira, não agrade aos seus seguidores, é melhor que eles deixem de seguir mesmo. Uma imagem irreal dá muito trabalho. Quando você consegue se encontrar com seu verdadeiro eu, acaba se cercando de pessoas – na vida real e na *on-line* – que realmente se interessam pela sua essência.

Redes sociais: uso saudável

Falar do bom uso das redes sociais, para mim, ainda é uma incógnita. Confesso que não consegui encontrar muitas dicas supercriativas que vão além do que a gente já sabe: é preciso limitar nosso tempo nas redes para não perdermos a conexão com a vida real, ter discernimento para entender que boa parte do que vemos ali não é verdadeiro e buscar seguir pessoas que façam com que nos sintamos bem. Esse último passo nem sempre é fácil de identificar, porque às vezes nem sabemos por que seguimos determinados perfis. Mas um bom termômetro é avaliar como fica o seu estado emocional após ver determinado conteúdo: ansiosa? Triste? Irritada? Comparando-se demais? Sentindo-se inferior? Esses podem ser alguns indicativos de que está na hora de fazer uma "faxininha" nas suas redes sociais e ter um *feed* mais acolhedor.

Fomos levadas a acreditar que, se não exibimos digitalmente cada passo que damos, não existimos, somos invisíveis ou temos uma vida desinteressante. Ainda mais quando a comparamos com a vida das *influencers*. Esse é o trabalho delas, então é natural que postem do café da manhã até a hora de dormir. Agora, se você, além do seu trabalho e das suas obrigações, quiser ter uma vida digital semelhante à de uma *influencer*, poderá ficar sobrecarregada. E, pior do que isso, poderá desperdiçar preciosos momentos da vida real em nome da foto perfeita. E lá se vão viagens, pratos, encontros com amigos, shows, confraternizações familiares e outros eventos que nem sempre são 100% aproveitados por conta dessa preocupação com o que vai postar. Vale perguntar: estou postando isso para quê? Para quem? Qual é a motivação?

Se a motivação for algo que te gere sentimentos positivos, trocas interessantes ou até mesmo um propósito maior que dependa de uma estratégia *on-line*, vá em frente! Mas, se está trazendo mais uma "obrigação" para o seu dia e, pior, uma ansiedade ligada ao medo da rejeição, ou uma busca desenfreada por *likes*, pode ser hora de rever suas prioridades no mundo digital.

Ao mesmo tempo, se o desconforto que você sente – seja com relação ao próprio corpo ou ao estilo de vida que está levando – provoca uma vontade de mudar, por que não usar as redes sociais como fonte de inspiração? Existe muita coisa boa nessas plataformas também, como mostram alguns dos relatos que reuni aqui. A propósito, se não fossem por elas, eu não teria encontrado nem metade das mulheres maravilhosas que gentilmente me contaram suas histórias de vida para escrever este livro!

Alguns especialistas defendem que as redes sociais podem ser especialmente benéficas quando utilizadas de forma ativa, e não passiva: quando você consegue se conectar e trocar experiências (Social [...], 2020). Elas também podem nos trazer senso de pertencimento.

> Descobrir que existem pessoas por aí que pensam e sentem como você pode fazer com que todos, velhos e jovens, se sintam menos marginalizados. Uma das contribuições mais positivas da mídia social para a vida moderna é que ela pode ajudá-lo a encontrar "sua turma". (Ormerod, 2018, p. 24)

Vivemos em um mundo conectado, e isso é um caminho sem volta – ainda bem. Utilizar as tecnologias com sabedoria, buscando quem te coloca pra cima, e não pra baixo, e contribuindo para um espaço mais empático e diverso, é algo que está ao alcance de todas nós. A educação muda o mundo. A educação pode, finalmente, nos libertar.

Experiências e relatos

MC SOFFIA

17 anos
Artista e estudante
São Paulo – SP

"Nós, crianças negras, infelizmente somos atingidas pelo racismo desde muito pequenas, às vezes até quando somos bebês. Com o apoio da minha família, que sempre participou do movimento negro, eu tinha consciência. Mesmo assim, em algum momento eu quis alisar meu cabelo, mas minha mãe me ajudou muito a amar meu cabelo crespo [...]. As mulheres da minha família sempre foram referências para mim: minha mãe, tias, avós e bisavós. Também me inspiro em artistas como Willow Smith, Chimamanda, Preta Rara, Sharylaine. Minha autoconfiança vem de tudo isso e a partir da leitura de autoras negras, de filmes dirigidos e estrelados por pessoas negras. [...] O caminho é sempre o do estudo, o do autocuidado e o dos grupos de apoio. [...] As redes sociais estão aí tanto para o bem como para o mal, mas são um caminho importante de divulgação da população negra. Basta as pessoas seguirem essas pessoas e conhecerem seus conteúdos."

MAÍRA MEDEIROS

37 anos
Youtuber
São Paulo – SP

"Eu achava que toda menina bonita era burra. Se era muito inteligente, eu falava: 'Mas ela é feia'. E eu não me achava uma pessoa burra, me achava inteligente, estudava bastante. E aí pensava: 'Então, quer dizer que, se eu virar uma pessoa padrão, se eu conseguir malhar e virar essa magra modelo dos anos 2000, eu vou me tornar uma pessoa burra?'. A rivalidade feminina é um processo muito extenso, que você só consegue compreender quando lê, se informa e se desconstrói. [...] Buscar informação foi o que me fez quebrar esse ciclo de rivalidade; me fez pensar em por que eu era assim. Eu já fiz muitas coisas prejudiciais para o meu corpo, que afetaram também minha saúde mental. [...] Existiu um determinado momento em que eu tomava remédio para emagrecer e pílula anticoncepcional, fumava, bebia, não comia, fazia dieta, tomava *shake* para substituir refeição. Fui viciada em anfetamina. Hoje em dia penso: 'Graças a Deus eu sobrevivi!'. Isso sem falar dos transtornos alimentares: tive bulimia, anorexia e ortorexia. Hoje eu penso que poderia ter morrido. [...]. Quando estava para me casar, aos 27 anos, percebi que a indústria do casamento era supergordofóbica. Nessa época, eu nem sabia o que eram gordofobia e pressão estética. Eu estava lá, vivendo a minha vida de noiva, e comecei a perceber todo mundo cobrando de mim um emagrecimento. Eu pensava: 'Poxa, vocês deveriam estar apenas preocupados em ir ao casamento e curtir, em me desejar parabéns, e não se vou estar magra o suficiente pra entrar num vestido ou não!'. Então, fui comprar o meu vestido. Nessa época, eu tinha o costume de comprar roupas menores, para que eu tivesse vontade de emagrecer cada vez mais. Em um rompante insano, decidi comprar um vestido de noiva maior. Acho que esse foi o meu primeiro passo para a desconstrução. Comecei a entender que ficar lutando por um corpo que não é do meu biotipo me fazia gastar tempo, dinheiro, saúde mental e fazia com que eu não conseguisse me dedicar aos estudos, à minha profissão, ao meu aprimoramento profissional. Eu comecei a pensar sobre o que eu era além da minha aparência. Como é que as pessoas me viam? Como eu me mostrava para o mundo? [...] Resolvi fortalecer a minha autoestima por meio dessas outras coisas que eu tinha dentro de mim, que é o meu lado comunicativo, que adora conversar e fazer amizades. [...] Aos 31 anos, fiz o meu canal no YouTube. Vivendo o *backstage* da internet, você começa a entender que aquela pessoa que se mostra muito perfeita ali não é tão perfeita assim. [...] E eu também aprendi uma coisa muito legal, que é separar a aparência da personalidade. Não se comparar com outras mulheres é um processo muito próprio. A partir do momento que eu fui desconstruindo questões de aparência, fui desconstruindo também o meu relacionamento com outras mulheres. [...] Hoje em dia, escuto que eu sou referência e que ajudei muita gente. Não sei nem como explicar o sentimento que é poder ouvir isso. Às vezes, eu sinto que queria muito ter encontrado uma pessoa que falasse algumas coisas parecidas com as que eu falo hoje em dia na época em que eu era adolescente, sabe? Eu acho que isso ia ter me poupado tanto."

Freedom

Se a minha infância tivesse cheiro, seria de esmalte de unha. Ou melhor: uma mistura de cheiro de esmalte, bolo caseiro e café coado na hora. É que a minha mãe aprendeu a ser manicure quando eu ainda era pequena. Ela trabalhava nos fundos de casa, em um "salãozinho" que ela montou na lavanderia. Era uma fase em que meu pai enfrentava instabilidade nos empregos. Minha irmãzinha já tinha nascido, então agora éramos duas boquinhas para alimentar. Ao passo que ele trocava de trabalho – às vezes ganhando menos, às vezes mais –, a insegurança financeira aumentava. E a minha mãe então fazia um curso novo, na tentativa de aumentar a renda da casa. Nisso ela virou depiladora e, depois, massagista – das boas! Fazia drenagem linfática para ajudar as mulheres que estavam insatisfeitas com suas gordurinhas ou as que tinham acabado de ser "lipadas" e precisavam da massagem manual para se livrarem do líquido retido no corpo.

Cresci dentro do ambiente de beleza. Quando eu tinha 11 anos, minha mãe conseguiu emprego no salão mais chique da cidade. Depois desse salão, ela trabalhou em vários outros, até que montou a sua própria clínica. Era uma sala no segundo andar de um pequeno prédio comercial, de frente para um parque bem arborizado. Não era grande, mas parecia enorme. Vivemos tantas histórias lá. Trabalhava sozinha, mas eu e minha irmã estávamos sempre lá, arrumando produtos na prateleira, organizando a agenda dela, atendendo ao telefone. Era um ambiente sem preconceito. Minha mãe atendia todos os corpos, raças, orientações sexuais e até homens *gays* que, muitas vezes, ainda não tinham conseguido contar para a família sobre sua orientação sexual – mas, com ela, eles se abriam. Atendia das ricaças às humildes.

Por essas e outras, eu sei o valor da beleza na vida de uma mulher. Vai além de passar um esmalte na unha, de trocar a cor do cabelo. Muitas vezes, tem a ver com respeito a si própria e com a importância de ter um tempinho, no meio de uma semana cheia, para pensar única e exclusivamente nela mesma. Gostar da própria imagem tem a ver com dignidade. Isso sem contar o processo "quase terapêutico" que é a relação de uma mulher com sua manicure, a cabeleireira, etc. Quantos desabafos eu presenciei, enquanto olhava a minha mãe ali, sentada em um banquinho tirando a cutícula de um dedão, dando conselhos, broncas e fazendo palhaçada para arrancar um sorriso de uma cliente que chegava mais triste. Quantas delas presenciaram os meus desabafos com a minha mãe sobre trabalho, namoradinhos, ou sobre qualquer conflito que eu estivesse enfrentando. Eu nunca as vi como fúteis, superficiais ou obcecadas por imagem. Sou grata a cada uma dessas mulheres, que confiaram no trabalho da minha mãe e nos ajudaram a crescer.

A beleza só é um problema quando aprisiona. Quando é uma obrigação, uma preocupação enorme, uma necessidade exagerada de ser aceita por meio da aparência. Por mais que eu tenha estudado bastante para escrever tudo isso, não sou 100% desconstruída. Já não me culpo tanto quando engordo, mas ainda acontece de vez em quando. Minha noção de envelhecimento começa a dar sinais. Não sei dizer o que vai ser quando as rugas aparecerem, mas acredito que vou seguir uma linha mais natural, porque isso tem a ver com a minha essência. Agora, se um dia eu precisar fazer algum procedimento para me sentir melhor, farei. Vou pintar o cabelo se eu quiser. Se eu não quiser, vou deixar branco. Já a minha relação com a dança é bagunçada – às vezes, tento voltar à dançar, mas logo quero ser a primeira bailarina. Me vem a menina de 9 anos que foi rejeitada pela professora. Daí me frustro, desisto, para depois de um tempo sentir saudades e voltar mais uma vez. Tento não ficar presa às "caixinhas" nas quais eu mesma me coloquei ao longo da minha vida: "a menina que dança", "a jornalista", "a marmiteira", "a que não tem filhos". Gosto de pensar que posso mudar de ideia quando eu quiser.

Ser livre é saber criar as próprias regras sem se preocupar muito com tendências ou com expectativas alheias. A liberdade é um caminho em construção, e cada uma tem seu tempo. Espero ter te inspirado a buscar o próprio ideal de perfeição, por um corpo que seja visto como meio para te proporcionar experiências incríveis. Espero ter inspirado uma busca por uma vida mais significativa, que vá muito além das aparências. **Muito além do *like*.**

Referências

ABBASI, J. Quick uptakes: No compelling evidence of health benefits from nonsugar sweeteners. **Journal of the American Medical Association**, v. 321, n. 10, 12 mar. 2019.

ALAVI-ARJAS, F. *et al*. The role of sexual partner in women's seeking for labiaplasty: A systematic review and meta-analysis. **The Journal of Sexual Medicine**, v. 21, n. 10, 28 set. 2024.

ALTHEIA, P. **Não sou exposição**: questionamentos sobre imagem corporal, autoestima e saúde. São Paulo: Quintal, 2019.

ALVARENGA, M.; FIGUEIREDO, M.; POLACOW, V. Consequências da restrição para o comportamento alimentar. *In*: ALVARENGA, M. *et al*. **Nutrição comportamental**. 2. ed. Barueri: Manole, 2019.

AMERICAN PSYCHIATRIC ASSOCIATION. **Manual diagnóstico e estatístico de transtornos mentais - DSM-5-TR**: texto revisado. Porto Alegre: Artmed. 2023

AMERICAN PSYCHOLOGICAL ASSOCIATION (APA). Dictionary of Psychology. **Social comparison theory,** *on-line*. Disponível em: https://dictionary.apa.org/social-comparison-theory. Acesso em: 7 jan. 2025.

AMERICAN PSYCHOLOGICAL ASSOCIATION (APA). Dictionary of Psychology. **Body dysmorphic disorder (BDD)**, *on-line*. Disponível em: https://dictionary.apa.org/body-dysmorphic-disorder. Acesso em: 7 jan. 2025.

AMERICAN PSYCHOLOGICAL ASSOCIATION (APA). Dictionary of Psychology. **Mere-exposure effect,** *on-line*. Disponível em: https://dictionary.apa.org/mere-exposure-effect. Acesso em: 7 jan. 2025.

ANVISA ALERTA sobre falsificação do medicamento Ozempic®. **Agência Nacional de Vigilância Sanitária**, 29 out. 2024. Disponível em: https://www.gov.br/anvisa/pt-br/assuntos/noticias-anvisa/2024/anvisa-alertasobre-falsificacao-do-medicamento-ozempic-r. Acesso em: 24 abr. 2025.

ASHBURN-NARDO, L. Parenthood as a moral imperative? Moral outrage and the stigmatization of voluntarily childfree women and men. **Sex Roles**, v. 76, 2017.

BACON, L.; APHRAMOR, L. **Body respect**: What conventional health books get wrong, leave out, and just plain fail to understand about weight. Dallas: BenBella, 2014.

BASCH, C. H. *et al*. Descriptive analysis of TikTok videos posted under the hashtag Ozempic. **Journal of Medicine, Surgery, and Public Health**, v. 1, 2023.

BENNINGHOVEN, D. Body image in patients with eating disorders and their mothers, and the role of family functioning. **Comprehensive Psychiatry**, v. 48, n. 2, mar.-abr. 2007.

BERGMANN, N. C. *et al*. Semaglutide for the treatment of overweight and obesity: A review. **Diabetes, Obesity and Metabolism**, v. 25, n. 1, jan. 2023.

BERKOWITZ, J. Netflix's "insatiable" isn't a fat-shaming show: It's much worse. **Fast Company**, 8 ago. 2018.

BETTLE, N. *et al*. Body image and self-esteem in adolescent ballet dancers. **Perceptual and Motor Skills**, v. 93, n. 1, 2001.

BOUAZZOUNI, N. **Fominismo**: quando o machismo se senta à mesa. São Paulo: Quintal, 2019.

BOWLES, A. K.; WALSH, S. M.; ANDRE, T. L. Is fitspiration truly an inspiration? Relationships between fitspiration, exercise, and body image. **Health Behavior Research**, v. 4, n. 2, ago. 2021.

BRANDALISE, C. Feminista italiana pede salário para quem cuida do lar: "Estamos exaustas". **UOL**, 20 abr. 2021.

CABRAL, U. Mulheres pretas ou pardas gastam mais tempo em tarefas domésticas, participam menos do mercado de trabalho e são mais afetadas pela pobreza. **IBGE**, 8 mar. 2024. Disponível em: https://agenciadenoticias.ibge.gov.br/agencia-noticias/2012-agencia-de-noticias/noticias/39358. Acesso em: 29 abr. 2025.

CAPITANI, L. A representação feminina na publicidade e seus estereótipos. **Meio&Mensagem**, 1 fev. 2024.

CASTRO, D. Lipo LAD custa até 100 mil e constrói barriga de tanquinho na mesa de cirurgia. **Folha de S.Paulo**, 6 ago. 2022.

CEREDA, E. *et al*. Weight cycling is associated with body weight excess and abdominal fat accumulation: A cross-sectional study. **Clinical Nutrition**, v. 30, n. 6, dez. 2011.

CIRURGIA bariátrica foi disponibilizada no ano de 2023 para 0,097% dos brasileiros com obesidade grave. **SBCBM**, 21 out. 2024. Disponível em: https://sbcbm.org.br/cirurgia-bariatrica-foi-disponibilizada-no-ano-de-2023-para-0097-dos-brasileiros-com-obesidade-grave/. Acesso em: 14 mar. 2025.

DASSOLER, G. Insatisfação corporal. [Entrevista concedida a] Danielle Barg. 2021. Áudio. 30 min.

DE BOTTON, A. **Desejo de status.** Rio de Janeiro: Rocco, 2004.

DECKERSBACH, T. *et al.* Pilot randomized trial demonstrating reversal of obesity-related abnormalities in reward system responsivity to food cues with a behavioral intervention. **Nutrition & Diabetes**, v. 4, 2014.

DEFINITION and diagnostic criteria of clinical obesity. **The Lancet**, 14 jan. 2025.

DELANY, J. P. Effect of physical activity on weight loss, energy expenditure, and energy intake during diet induced weight loss. **Obesity**, 26 jun. 2013.

DERAM, S. Pare de insistir em dietas restritivas. Elas não funcionam! **Sophie Deram**, 23 set. 2024. Disponível em: https://sophiederam.com/br/emagrecer-com-saude/dietas-restritivas. Acesso em: 14 abr. 2025.

DOCKTERMAN, E. Barbie's got a new body. **Time**, 2016.

DOLAN, L. Millie Bobby Brown rebate críticas sobre aparência: "Virei um alvo". **CNN Brasil**, 4 mar. 2025.

DOTTI, A. *et al.* Eating behavior of ballet dancers. **Eat Weight Disord**, v. 7, n. 1, mar. 2002.

DOVE SELF-ESTEEM PROJECT. **Building Self-esteem in the Social Media Age**, *on-line*. Disponível em: https://www.dove.com/za/stories/campaigns/confidence.html. Acesso em: 7 jan. 2025.

DOYLE, G. **Untamed**. New York: The Dial Press, 2020.

DUBOUST, O.; HUET, N. A TikTok weight loss trend has caused shortages of Ozempic. What are the risks for those using this diabetes drug off-label? **Euro News**, 2 mar. 2023.

DURHAM, M. G. **The Lolita Effect**: The media sexualization of young girls and what we can do about it. New York: Abrams Books, 2008.

EDELMAN, M. W. It's hard to be what you can't see. **Children's Defense Fund**, [*s. d.*].

ELLYN SATTER INSTITUTE. Disponível em: https://www.ellynsatterinstitute.org/. Acesso em: 24 abr. 2025.

ENGELN, R. 7 strategies to shut down body shaming from family members: try one of these methods to redirect hurtful body talk. **Psychology Today**, 20 dez. 2018.

ENGELN, R. **Beauty Sick**: How the Cultural Obsession with Appearance Hurts Girls and Women. New York: Harper Paperbacks, 2018.

ENGELN, R. *et al.* Compared to Facebook, Instagram use causes more appearance comparison and lower body satisfaction in college women. **Body Image**, v. 34, 2020.

ESTUDO da Câmara mostra crescimento de dois pontos percentuais no número de mulheres eleitas. **Agência Câmara de Notícias**, 21 out. 2024.

FARDOULY, J. *et al.* Social comparisons on social media: The impact of Facebook on young women's body image concerns and mood. **Body Image**, mar. 2015.

FÓRUM BRASILEIRO DE SEGURANÇA PÚBLICA (FBSP). **Violência contra a mulher**, *on-line*. Disponível em: https://forumseguranca.org.br/painel-violencia-contra-a-mulher/. Acesso em: 7 jan. 2025.

FOTHERGILL, E. *et al.* Persistent metabolic adaptation 6 years after "The Biggest Loser" competition. **Obesity**, v. 24, n. 8, 2016.

FREGONESE, J. Conheça a "tiktokzação" das profissões. **Consumidor Moderno**, 1 set. 2023.

FRY, N. And just like that...Carrie's back! Sarah Jessica Parker opens up about a grand return. **Vogue**, 7 nov. 2021.

GAY, R. **Fome**: uma autobiografia do (meu) corpo. Rio de Janeiro: Globo Livros, 2017.

GE, L. *et al.* Comparison of dietary macronutrient patterns of 14 popular named dietary programmes for weight and cardiovascular risk factor reduction in adults: Systematic review and network meta-analysis of randomised trials. **BMJ**, v. 369, abr. 2020.

GOLDENBERG, M. **A invenção de uma bela velhice**: projetos de vida e a busca da felicidade. Rio de Janeiro: Record, 2020.

GOVERNMENT EQUALITIES OFFICE. **Body confidence campaign – Progress Report 2015**, 2015.

GREENWAY, F. L. Physiological adaptations to weight loss and factors favouring weight regain. **International Journal of Obesity**, v. 39, n. 8, 2015.

GUDZUNE, K. A. *et al.* Patients who feel judged about their weight have lower trust in their primary care providers. **Patient Education and Counseling**, v. 97, n. 1, out. 2014.

GUDZUNE, K. A. *et al.* Physicians build less rapport with obese patients. **Obesity**, v. 21, n. 10, out. 2013.

HAIDT, J. **The anxious generation**: how the great rewriting of childhood is causing an epidemic os mentall illness. New York: Penguin Press, 2024.

HALLIWELL, E.; DIEDRICHS, P. C.; ORBACH, S. Costing the invisible: A review of the evidence examining the links between body image, aspirations, education and workplace confidence. **UWE Bristol**, 2014.

HOSIE, R. 'Instagrammability': Most important factor for millennials on choosing holiday destination. **Independent**, 24 fev. 2017.

HUNT, M. *et al*. No more FOMO: Limiting social media decreases loneliness and depression. **Journal of Social and Clinical Psychology**, v. 37, n. 10, nov. 2018.

HUSKY, M. M. *et al*. Bullying involvement and self-reported mental health in elementary school children across Europe. **Child Abuse & Neglect**, v. 107, set. 2020.

INSTITUTO BRASILEIRO DE GEOGRAFIA E ESTATÍSTICA (IBGE). **Estatísticas de gênero**: indicadores sociais das mulheres no Brasil. 3. ed. Rio de Janeiro: IBGE, 2024. Disponível em: https://biblioteca.ibge.gov.br/visualizacao/livros/liv102066_informativo.pdf. Acesso em: 14 mar. 2025.

INTERNATIONAL SOCIETY OF AESTHETIC PLASTIC SURGERY (ISAPS). **Aesthetic procedures close to 35 million in 2023**, 2024. Disponível em: https://www.isaps.org/media/iuuloooz/4184727-1-14-portuguese-latam.pdf. Acesso em: 14 mar. 2025.

INTERNATIONAL SOCIETY OF AESTHETIC PLASTIC SURGERY (ISAPS). **ISAPS International Survey on aesthetic/cosmetic procedures performed in 2022**, 2023. Disponível em: https://www.isaps.org/media/a0qfm4h3/isaps-global-survey_2022.pdf. Acesso em: 14 mar. 2025.

IRVING, L. M. *et al*. Steroid use among adolescents: findings from Project EAT. **Journal of Adolescent Health**, v. 30, n. 4, abr. 2002.

JARRÍN, C. A. **A biopolítica da beleza**: cidadania cosmética e capital afetivo no Brasil. Rio de Janeiro: Fiocruz, 2023.

JARRÍN, C. A. The biopolitics of beauty: Cosmetic citizenship and affective capital in Brazil. Institute for the Study of Societal Issues (ISSI), **YouTube**, 9 out. 2018. Disponível em: https://www.youtube.com/watch?v=W5Ry221pO3o. Acesso em: 9 jan. 2025.

JOHNSON, R. J.; LANASPA, M. A.; FOX, J. W. Upper paleolithic figurines showing women with obesity may represent survival symbols of climatic change. **Obesity**, v. 29, 2021.

KEARNEY-COOKE, A.; TIEGER, D. Body image disturbance and the development of eating disorders. **Wiley Online Library**, 30 abr. 2015.

KISHIMI, I.; KOGA, F. **A coragem de não agradar**. Rio de Janeiro: Sextante, 2018.

LABONIA, R. Canetinhas emagrecedoras. [Entrevista concedida a] Danielle Barg. 2025. Áudio. 20 min.

LABONIA, R. Insatisfação corporal. [Entrevista concedida a] Danielle Barg. 2021. Áudio. 40 min.

LAUZEN, M. M. The celluloid ceiling in a pandemic year: Employment of women on the top U.S. films of 2021. **2021 Celluloid Ceiling**, 2022.

LEIBEL, R. L.; ROSENBAUM, M.; HIRSCH, J. Changes in energy expenditure resulting from altered body weight. **The New England Journal of Medicine**, v. 332, n. 10, 9 mar. 1995.

LESKIN, P. American kids want to be famous on YouTube, and kids in China want to go to space: Survey. **Business Insider**, 17 jul. 2019.

LOPES, M. C. Busca de aprovação por meio da imagem. [Entrevista concedida a] Danielle Barg. 2021. E-mail.

MALZYNER, G. Busca de aprovação por meio da imagem. [Entrevista concedida a] Danielle Barg. 2021. Áudio. 30 min.

MANDELLI, M. Educação midiática. [Entrevista concedida a] Danielle Barg. 2021. Vídeo. 30 min.

MANDELLI, M. Inteligência artificial. [Entrevista concedida a] Danielle Barg. 2025. Vídeo. 20 min.

MANN, T. *et al*. Medicare's search for effective obesity treatments: Diets are not the answer. **American Psychologist**, v. 62, n. 3, abr. 2007.

MANN, T. Why do dieters regain weight? Calorie deprivation alters body and mind, overwhelming willpower. **Psychological Science**, maio 2018.

MARTÍNEZ-VARGAS, I. Venda de canetas usadas para emagrecer, como Ozempic, exigirá retenção de receita, decide Anvisa. **Globo.com**, 16 abr. 2025.

MATHESON, E. M.; KING, D. E.; EVERETT, C. J. Healthy lifestyle habits and mortality in overweight and obese individuals. **Journal Of The American Board Of Family Medicine**, v. 25, n. 1, jan.-fev. 2012.

MCBRIDE, H. L. **Mothers, Daughters, And Body Image**: Learning to Love Ourselves as We Are. Brentwood: Post Hill, 2017.

MEDARIS, A. Women say they're stressed, misunderstood, and alone. **American Psychological Association**, 1 nov. 2023.

MELO, M. E. Canetinhas emagrecedoras. [Entrevista concedida a] Danielle Barg. 2025. Áudio. 20 min.

MENTAL HEALTH FOUNDATION. **Body image report - Executive Summary**, *on-line*. Disponível em: https://www.mentalhealth.org.uk/explore-mental-health/articles/body-image-report-executive-summary. Acesso em: 2 jan. 2025.

MINISTÉRIO da Saúde do Brasil lança guia de atividade física para a população brasileira, com apoio da Opas. **Organização Pan-Americana da Saúde**, 30 jun. 2021.

MINISTÉRIO DA SAÚDE. **Guia alimentar para a população brasileira**. 2. ed. Brasília: Ministério da Saúde, 2014. Disponível em: https://bvsms.saude.gov.br/bvs/publicacoes/guia_alimentar_populacao_brasileira_2ed.pdf. Acesso em: 14 abr. 2025.

MINISTÉRIO DA SAÚDE. **Obesidade infantil afeta 3,1 milhões de crianças menores de 10 anos no Brasil**, 3 jun. 2021. Disponível em: https://www.gov.br/saude/pt-br/assuntos/noticias/2021/junho/obesidade-infantil-afeta-3-1-milhoes-de-criancas-menores-de-10-anos-no-brasil. Acesso em: 2 jan. 2025.

MINISTÉRIO DA SAÚDE. **Vigitel Brasil 2006-2023**: estado nutricional e consumo alimentar, 26 set. 2024. Disponível em: https://www.gov.br/saude/pt-br/centrais-de-conteudo/publicacoes/svsa/vigitel/vigitel-2006-2023-estado-nutricional-e-consumo-alimentar/view. Acesso em: 14 mar. 2025.

MINISTÉRIO DA SAÚDE; UNIVERSIDADE FEDERAL DE MINAS GERAIS (UFMG). **Desmistificando dúvidas sobre alimentação e nutrição**: material de apoio para profissionais da saúde. Brasília: Ministério da Saúde, 2016.

MISS REPRESENTATION. Direção de Jennifer Siebel Newsom. 2011.

MONTEIRO, C. A. *et al*. Household availability of ultra-processed foods and obesity in nineteen European countries. **Public Health Nutrition**, v. 21, n. 1, jan. 2018.

NEUMARK-SZTAINER, D. R. *et al.* Shared risk and protective factors for overweight and disordered eating in adolescents. **American Journal of Preventive Medicine**, v. 33, n. 5, nov. 2007.

NOVA opção terapêutica para tratamento de diabetes mellitus. **Agência Nacional de Vigilância Sanitária**, 4 jul. 2022.

NOVO NORDISK FARMACÊUTICA DO BRASIL. **Ozempic® 1mg**: intermitência de fornecimento no primeiro semestre de 2025, jan. 2025.

O'HARA, L.; TAYLOR, J. What's Wrong With the 'War on Obesity?' A Narrative Review of the Weight-Centered Health Paradigm and Development of the 3C Framework to Build Critical Competency for a Paradigm Shift. **Sage Open**, v. 8, n. 2, 2018.

OBESITY and overweight. **World Health Organization (WHO)**, 1 mar. 2024. Disponível em: https://www.who.int/news-room/fact-sheets/detail/obesity-and-overweight. Acesso em: 14 mar. 2025.

OCHS, M. **Educação midiática e inteligência artificial**. São Paulo. Instituto Palavra Aberta, 2024.

ONDA de assaltos a farmácias: criminosos miram canetas de Ozempic e outros emagrecedores. **Conselho Federal de Farmácia**, 17 fev. 2025.

ORGANIZAÇÃO DAS NAÇÕES UNIDAS PARA A EDUCAÇÃO, A CIÊNCIA E A CULTURA (UNESCO). **A tecnologia na educação**: uma ferramenta a serviço de quem? Paris: Unesco, 2023.

ORGANIZAÇÃO PAN-AMERICANA DA SAÚDE (OPAS). **Entenda a infodemia e a desinformação na luta contra a COVID-19**. Washington: Opas, 2020.

ORMEROD, K. **Why social media is ruining your life**. London: Cassell, 2018.

ORSINI, A. C. **A cultura da dieta é tóxica**. São Paulo: Ana Carolina Orsini, 2021a.

ORSINI, A. C. Canetinhas emagrecedoras. [Entrevista concedida a] Danielle Barg. 2025. Áudio. 20 min.

ORSINI, A. C. Cultura das dietas. [Entrevista concedida a] Danielle Barg. 2021b. E-mail.

ØSTBYE, T. *et al.* Associations between obesity and receipt of screening mammography, Papanicolaou tests, and influenza vaccination: Results from the Health and Retirement Study (HRS) and the Asset and Health Dynamics Among the Oldest Old (AHEAD) study. **American Journal of Public Health**, v. 95, n. 9, set. 2005.

PERIODS in Space are not that different, though a bit more complicated. **The New York Times**, 22 abr. 2016.

PERROT, M. **Minha história das mulheres**. São Paulo: Contexto, 2007.

PETERS, A. Why do we crave sweets when we're stressed?, **Scientific American**, 27 fev. 2019.

PLÁSTICA e guerra: um pouco de história. **Sociedade Brasileira de Cirurgia Plástica**, 12 maio 2014.

POLLAN, M. **Em defesa da comida**. Rio de Janeiro: Intrínseca, 2008.

PRETOS ou pardos estão mais escolarizados, mas desigualdade em relação aos brancos permanece. **Agência IBGE Notícias**, 13 nov. 2019.

PUHL, R.; SUH, Y. Health consequences of weight stigma: Implications for obesity prevention and treatment. **Current Obesity Reports**, v. 4, 2015.

QUAIS AS CIRURGIAS plásticas o SUS realiza? **Biblioteca Virtual em Saúde (BVS)**, 28 jul. 2021.

REES, A. **Beyond beautiful**: A practical guide to being happy, confident, and you in a looks-obsessed world. Berkeley: Ten Speed Press, 2019.

RETOUCHING is 'excessive' says slimline covergirl Kate Winslet. **Hello Magazine**, 9 jan. 2003.

RHODES, G. *et al.* Facial symmetry and the perception of beauty. **Psvchonomic Bulletin & Review**, v. 5, n. 4, 1998.

ROHDEN, F. A divulgação da cirurgia íntima no Brasil: normas de gênero, dilemas e responsabilidades no campo da cirurgia plástica estética. **Cadernos de Saúde Pública**, v. 37, n. 12, 15 dez. 2021.

RUBINO, F. *et al.* Joint international consensus statement for ending stigma of obesity. **Nature Medicine**, v. 26, 2020.

SALK, R. H.; ENGELN, R. "If you're fat, then I'm humongous!": Frequency, content, and impact of fat talk among college women. **Psychology of Women Quarterly**, v. 35, n. 1, 2011.

SALK, R. H.; ENGELN, R. Fat talk among college women is both contagious and harmful. **Sex Roles**, v. 66, 2012, p. 636-645.

SANT'ANNA, D. B. **A história da beleza no Brasil**. São Paulo: Contexto, 2014.

SCRINIS, G. **Nutritionism**: The science and politics of dietary advice. New York: Columbia University Press, 2013.

SELLMER, L. Estigma do peso. [Entrevista concedida a] Danielle Barg. 2021. E-mail.

SERVIÇO NACIONAL DE APRENDIZAGEM COMERCIAL (SENAC). Departamento Nacional. **Panorama de mercado**: beleza 2023: análise ocupacional do mercado de trabalho formal. Rio de Janeiro: Senac Departamento Nacional, 2024. Disponível em: https://forumsetorial.senac.br/assets/images/panorama_mercado_beleza.pdf. Acesso em: 7 jan. 2025.

SINGH, M. Mood, food, and obesity. **Frontiers in Psychology**, v. 5, 1 set. 2014.

SLADE, P. D. What is body image? **Behaviour Research and Therapy**, v. 32, n. 5, 1994.

SLATER, A. *et al.* Newborn infants prefer attractive faces. **Infant Behavior and Development**, v. 21, n. 2, 1998.

SOCIAL media use can be positive for mental health and well-being. **Harvard T. H. Chan**, 6 jan. 2020.

SOCIEDADE BRASILEIRA DE CIRURGIA PLÁSTICA (SBCP). **Ninfoplastia**, 11 ago. 2014. Disponível em: https://www.cirurgiaplastica.org.br/ninfoplastia-3/. Acesso em: 30 jun. 2025

SPERRY, S. *et al.* Cosmetic surgery reality TV viewership: Relations with cosmetic surgery attitudes, body image, and disordered eating. **Annals of Plastic Surgery**, v. 62, n. 1, jan. 2009.

STEVENS, A. Kate Winslet, is that you? **Stuff**, 15 out. 2013.

SUTIN, A. R.; STEPHAN, Y.; TERRACCIANO, A. Weight discrimination and risk of mortality. **Psychological Science**, v. 26, n. 11, nov. 2015.

TEIXEIRA, P. Atividade física. [Entrevista concedida a] Danielle Barg. 2021. Áudio. 30 min.

TIGGEMANN, M.; ZACCARDO, M. "Exercise to be fit, not skinny": The effect of fitspiration imagery on women's body image. **Body Image**, v. 15, set. 2015.

TIMERMAN, F. **Transtornos alimentares**. São Paulo: Editora Senac São Paulo, 2021. Série Universitária.

TOVAR, V. **You have the right to remain fat**. New York: Feminist Press, 2018.

U.S. SURGEON GENERAL'S ADVISORY. **Social Media and Youth Mental**, 2023. Disponível em: https://www.hhs.gov/sites/default/files/sg-youth-mental-health-social-media-advisory.pdf. Acesso em: 14 mar. 2025.

UNITED NATIONS INTERNATIONAL CHILDREN'S EMERGENCY FUND (UNICEF). **Bullying**: What is it and how to stop it, *on-line*. Disponível em: https://www.unicef.org/parenting/child-care/bullying. Acesso em: 2 jan. 2025.

VARELLA, M. Uso de Ozempic requer acompanhamento médico. **Drauzio**, 17 mar. 2023. Disponível em: https://drauziovarella.uol.com.br/doencas-cronicas/diabetes/uso-de-ozempic-requer-acompanhamento-medico/. Acesso em: 18 jun. 2025.

VARGAS, G. Busca de aprovação por meio da imagem. [Entrevista concedida a] Danielle Barg. 2021. E-mail.

VARGAS, G. Canetinhas emagrecedoras. [Entrevista concedida a] Danielle Barg. 2025. Áudio. 20 min.

VINSON, C; MOLLEN, D.; GRANT SMITH, N. Perceptions of childfree women: The role of perceivers' and targets' ethnicity. **Journal of Community & Applied Social Psychology**, v. 20, n. 5, set. 2010.

WANG, L. *et al*. Fear of missing out (FOMO) associates with reduced cortical thickness in core regions of the posterior default mode network and higher levels of problematic smartphone and social media use. **Addictive Behaviors**, v. 143, ago. 2023.

WEBB, J. B. *et al*. "Mom, quit fat talking-I'm trying to eat (mindfully) here!": Evaluating a sociocultural model of family fat talk, positive body image, and mindful eating in college women. **Appetite**, 1 jul. 2018.

WEGOVY (semaglutida). **Agência Nacional de Vigilância Sanitária**, 3 jan. 2023. Disponível em: https://www.gov.br/anvisa/pt-br/assuntos/medicamentos/novos-medicamentos-e-indicacoes/wegovy-semaglutida. Acesso em: 17 abr. 2025.

WHITE, A. Netflix's the dig accused of 'ageism' over casting of Carey Mulligan, 35, as 56-year-old woman. **Independent**, 3 fev. 2021.

WIGMORE, G. 'Budget Ozempic': Five ways this dangerous TikTok weight loss trend will harm your health. **City St. George's**, 5 mar. 2024.

WILDING, J. P. H. *et al*. STEP 1 Study Group. Weight regain and cardiometabolic effects after withdrawal of semaglutide: The STEP 1 trial extension. **Diabetes, Obesity and Metabolism**, v. 24, n. 8, ago. 2022.

WOLF, N. **O mito da beleza**. Rio de Janeiro: Rocco, 1991.

WOLPERT, S. The teenage brain on social media. **UCLA Newsroom**, 31 maio 2016.

WORLD HEALTH ORGANIZATION (WHO). **Obesidade**, *on-line*. Disponível em: https://www.who.int/westernpacific/health-topics/obesity. Acesso em: 14 mar. 2025.

Índice geral